大展好書　好書大展
品嘗好書　冠群可期

大展好書　好書大展
品嘗好書　冠群可期

武術特輯
145

太極破腿百法

孫國璽　著

大展出版社有限公司

作者簡介

　　孫國璽，陳式洪派太極拳第三代傳人，中國武術六段，國家武術一級裁判，莊河市武術協會副主席兼秘書長、莊河市太極拳協會主席，中國武術協會會員，「精武百傑」之一。

　　多次在全國和國際武術大賽上榮獲陳式太極拳、翻子拳、三類拳、長器械、雙器械、刀術、劍術、雙器械、九節鞭等項目的冠軍和金獎。

　　孫國璽不僅武功高強，且文武兼修，在《精武》雜誌上發表論文數十篇，創編過40集電視連續劇本《逍遙奇俠傳》；2005年，出版過《逍遙鏟》《逍遙武技道》的教學光碟。著有《太極散打》《太極破腿百法》《太極反擒拿及白手多兵刃》等著作。其弟子有近20人被載入《大連市志》《莊河市志》。

　　在國際、全國、省傳統武術比賽、錦標賽、冠軍賽中，其弟子共榮獲獎牌近百枚。

前　言

　　《太極破腿百法》一書，是我多年習練太極拳和散打的經驗總結。在數十年的苦練中，我體會到，不管是內家拳法，還是外家打法，其技擊的目的和方法都有相通的共性。從傳統的陳式太極拳一路、二路來講，拳法中含有彈腿、蹬腿、裏合腿、擺蓮腿、二起腳、旋風腳、前掃腿、後掃腿等多種腿法。那麼，我就要問一句既然有這麼多腿法，就說明太極拳可以用腿法去攻擊對手！如果太極拳可以用腿法進行攻擊，那麼反過來講，太極拳也會有破解各種腿法的招式。

　　多年來，我根據太極拳和散打的教學實踐，試探性地將陳式洪派太極拳的各式招法運用到散打的破腿之中，進而，大膽地寫出《太極破腿百法》一書。當然，不足之處在所難免，眞誠地希望各派名家高手予以指正，以求再版時，能給廣大讀者以更加新穎的太極拳破腿方法新貌。

　　本書在編寫前，得到了洪派太極拳現任掌門人、恩師李恩久先生以及大連鞠傳德老師的鼓勵和大力支持；同時也得到全國各地的很多武術界朋友的極大鼓

勵，特別是原北京「京北武術館」館長張鳳東先生，東北戳腳翻子優秀的代表人物、遼陽市武術協會副主席姚增彬先生，遼寧省丹東市螳螂拳師王寶吉先生，莊河市武術協會主席李翔、名譽主席曹文賢先生，東港市武術協會主席孫曉東先生，以及拳友劉成、牛向軍、宋鵬先生等；丹東姜成國攝影師專程來莊河爲本書拍照，由孫寶胤擔任陪練，《精武》雜誌主編吳憲民先生熱情支持；鄧家義、李偉、梁松、董貴治、王春慶、馬相和、王長彬、楊兆利、劉曉峰、石竟一、唐希久、王永金、董文海、宋順達、宋振成、倪長江、于百順、包生東、孫立兵、荐國龍、孫福生、王金剛、周逸民等眾多弟子也給予了大力支持；當地著名摔跤摯友初得山、由仕國等也伸出了熱情之手。在此，我表示衷心的感謝。

本書在編寫上，得到師兄丁明業、黃康輝、杜林功、王洪平的熱情關注，師兄丁明業多次來電來函，詢問本書的編寫情況，在此特表示衷心的謝意。

在這裏要特別提到的是：本書的出版得到了大連九成測繪企業集團董事長杜明成先生和大連大久建設工程有限公司徐新總經理的大力支持和贊助，在此致以深深的謝意！

自 序

　　我自幼酷愛武術，曾習練過擒拿、摔跤、散手等。1983年，有幸拜中國著名武術名家、陳式洪派太極拳第二代掌門人李恩久先生爲師，不遠千里來到恩師開設的「濟南武術館」學藝。在濟南數年的習武生涯中，在散打和太極梅花螳螂拳上，得到了濟南著名散打教練田林峰先生的熱心指導；同時，在八極拳、九節鞭、三節棍等軟器械上，得到濟南八極拳名師溫長平先生的眞傳；在劍術上，得到了劉清泉先生的指點，1986年春，創建了莊河第一家武術館，自此，便走上了以傳授武術爲職業的武術道路。

　　2000年，經恩師李恩久先生推薦，又得到了大連鞠傳德先生的傾囊相授，系統地學習了七星螳螂拳、少林螳螂拳、清萍劍、斷門槍、太師鞭等。

　　1988年，自創太極拳「掤」勁之練法，後此文以「太極拳單練聽勁法」刊登在2003年的《精武》雜誌上。1990年，爲增加武術的功力，我把擊打的沙袋內的沙子，更換爲雞蛋黃大小的鵝卵石；爲了加大腿部踢擊木椿的力量和速度，每天早晨練8～10公里的長跑，同時，每條腿綁縛沙袋從2斤起，每月漸漸遞增重量，身上頁重從10斤起，逐月遞增。經過多年不輟的

苦練，每腿負重遞增到 10 斤，身上的重量也增加到 60
餘斤。在抓握力方面，練習抓扔沙袋、抓鐵球、拉滑
車、撐千斤棒、撐大缸等功法。

根據多年的刻苦訓練和探索，我細心地研究了很
多有關太極拳的理論，也探索過南北長拳的打法，拜
訪過民間武術高手數十位。對太極拳的實戰打法獨有
心得，進一步把太極拳的技術貫穿於實戰散打中，不
管是從基本功、功法的訓練，還是招法的運用上，與
諸家頗有不同的風格。我把太極拳的八法模擬於具體
的實戰功法當中，獨創出很多奇異獨特的功法，更加
細膩地闡述了太極拳的勁路和應用，使頗難理解的太
極八法，透過簡單的器械訓練，就可立即懂得各種勁
路的練法和道理。

我依據陳式洪派太極拳的一路、二路，省略了大
致相同及重複招法，從中精選出六十二式，寫了《太
極纏絲腿》《太極散打》《太極破腿百法》《太極反
擒拿及白手奪兵刃》等書，目的是讓很多對太極拳缺
乏了解的人，對太極拳有一個更新的認識，真正理解
太極拳講究的「周身無處不太極」「周身處處有虛
實」。誠然，中華武術在當今的社會中，幾乎失去了
它原有的實戰功效，可是武術的本身，不僅僅是幾招
實用的腿法和摔法這麼簡單。所以，人們都用博大精
深來形容中華武術。

本書主要是根據太極拳在實戰散打中化解各種腿
法為內容，名之為《太極破腿百法》。

目　錄

第一章　太極八法勁力的實戰模擬訓練

第一節　掤　勁

太極拳的勁力，在運動的形式上講究的是螺旋纏絲，但在其勁力的運用方法上講究的是鬆沉。太極拳主要講究勁法的運用，所以它的勁法有很多，如螺旋勁、鬆活彈抖勁、暗勁、明勁、粘黏勁、沉勁、掤勁、崩炸勁等等。

練習者如何理解這些勁路的運用和變化，是練好太極拳的關鍵。

練太極拳者都知道，太極拳的掤勁無處不在，它運用於太極拳的所有交手之中，就是人們經常說的「處處有掤勁」。

何為掤勁？「掤」字在當今一般的字典中很難查到，為何？在古代，由於文字的差別和習慣的用法，那些古代的拳學大師所記載的拳譜多以手寫為主，而後學者根本不敢改動甚至從沒想過對先人掤字的懷疑。長此以往，便以

訛傳訛，甚至更加無人去懷疑或變更此字，後學者只能爾云我云，順其字之型來牽強附會地詮釋先祖對掤字的理解和用意。

我根據多年對太極拳的實戰及演練，想以自己淺陋的對太極拳的理解和見識，來對太極拳較難理解的「掤」作一個試探性的詮釋，旨在能使太極拳愛好者輕鬆地理解和掌握太極的要領及勁法。

我理解的「掤」就是「捧」，就是將東西和物體用手捧起之意。不妨打個比方：我們的雙手捧起一捧水果，若五斤重的話，我們用的捧力就是五斤大小。再比如，我們手中托起一盆水，也就是說捧起一盆水，若是二十斤之重，我們手上的捧勁就是二十斤。也就是說，被捧起的物體的重量和手捧的勁是相等的。為什麼這麼講？如果捧勁過大，物體就會因捧勁的作用而向上運行，那樣就不叫「捧」而叫「舉」了，用太極拳的專業術語講，就是「過」；如果捧勁小的話，物體的重量就比捧勁大，就會導致物體下落，手就捧不住物體，這就是「丟勁」。

既然我們瞭解了掤勁的原理，那麼，怎樣使這種勁路運用於實戰的太極拳當中呢？我們可以這樣看，當敵來拳時，或在交手時，對手的勁力大小和速度的快慢，我們可以視做是物體的力量大小、方向等的變化，我們出手的掤勁的大小和變化都是因敵變化而變化。也就是說，敵來力不管大小，我的掤勁法則不變，這就是所謂的以不變應萬變，也就是太極拳的「不丟不頂」的法則。

一個真正的太極高手，其掤勁幾乎是不用太多的力的，他的掤點往往是在對手發力的末端，也就是說在敵強

弩之末勢。在敵來力極強之時，將敵來力掤化或轉換，我的掤勁與對手的來力不即不離，這就是掤勁的要訣。

打個比方：如一個建築工人身在高處，接住從下方向上拋投的磚塊一樣，不管磚塊的來勢如何疾速，都要順勢而接，借勢而化，否則，不是接不住，就是手與磚頭在接觸時會受來勢的作用而受傷。這種接磚頭之法有如在實戰中的接手之法，不管接手的方向如何，或上或下，或左或右，其法皆同。望練者詳加揣摩。

那麼，我們又怎樣來運用掤法將敵發放出去呢？發放敵人的關鍵是轉化來勢。我們在與敵交手時，不僅僅是手上的掤法，也可能是身體的某一部位，或臀部、身體的軀幹處、腿等任何一處，這就是「處處有掤勁」。當掤住對手的一剎那，敵就很難進身或施展。掤，使敵難以進攻；隨，隨敵變化而變化，也就是連隨之意。

其實，一個太極高手在運用掤法時，是一掤即走。在交手的瞬間，便知敵來力的大小和方向，只要微微轉換，敵來力便會立即改變方向而摔出。越高明的手法，在交手時掤發敵手的時間上就越短暫；功夫越低，掤敵連隨的時間就會越長，就聽不住勁，甚至找不到發放敵手的有利時機。在轉化時，手上的轉換、腰襠的轉換、腿法的轉換都可以將敵發放。如敵的來力快疾、有力，我可以配合步法的轉換挪移，這就是洪均生先生所說的公轉。

掤法，一般是根據角度的不同而分出若干的掤法。不管是上掤、下掤、左掤、右掤、正掤、斜掤、前掤、後掤等等，但其基本的法則不會改變，敵來力的大小和方向任其變化。所以，我根據掤勁的法則，獨創了一套能充分體

會和增進掤勁的功法。今介紹給廣大愛好太極拳的人們。

特別說明：因人們對太極拳的習慣認識，此書對所有掤字都未做改動，在這裏不是作者的隨波逐流，只是考慮到人們的習慣認識，以免造成不必要的誤解。

一、單手掤法

1. 單手正旋掤法

（1）在與自己胸部同高處懸掛一個鐵球，自然步（雙腿微屈）或馬步站立，用右手背托住懸掛的鐵球下端。（圖1-1-1）

（2）右手掤住鐵球，按順時針方向旋轉。（圖1-1-2）

圖1-1-1　　　　　　　　圖1-1-2

2. 單手反旋掤法

（1）馬步站立，用右手背托住懸掛的鐵球下端。（圖1-1-3）

（2）右手掤住鐵球，按逆時針方向旋轉。（如圖1-1-4）

圖1-1-3　　　　　　　　圖1-1-4

【要領說明】左右手互換練習。要求練者做到手、球不離，手隨球動，捨己隨球，腰襠隨球自然轉換。每次練習要做到手累乏為止。長此練習，掤勁會大進，在交手時，敵手很難攻進。

二、雙手掤法

1. 雙手順纏掤法

（1）在與自己胸部同高處懸掛兩個鐵球，馬步或自然步站立，用雙手手背掤住鐵球的下端。（圖1-1-5）

圖1-1-5

（2）雙手掤住鐵球，都按順時針方向旋轉雙球。（圖1-1-6）

2. 雙手逆纏掤法

（1）自然步站立，用雙手手背托住鐵球下端。（圖1-1-7）

（2）雙手掤住鐵球，都按逆時針方向旋轉雙球。（圖1-1-8）

圖1-1-6

圖1-1-7

圖1-1-8

3. 右順左逆掤法

（1）自然步站立，雙手手背托住鐵球的下端。（圖1-1-9）

（2）雙手掤住鐵球，按右手順時針、左手逆時針的

方向旋轉雙球。（圖1-1-10）

4. 左順右逆掤法

（1）自然步站立，雙手手背托住鐵球的下端。（圖1-1-11）

（2）雙手掤住鐵球，按左手順時針、右手逆時針的方向旋轉雙球。（圖1-1-12）

圖1-1-9

圖1-1-10

圖1-1-11

圖1-1-12

【要領說明】這是雙手掤勁的練法，它是我多年練習掤勁的經驗總結。此功法在練習時要屏住呼吸，氣沉丹田，手背要掤住鐵球的下端，旋轉要圓活。每次練習要求達到20分鐘以上。

第二節　掤　勁

掤法是太極拳的一種重要勁法。在運用時，要注意前手是收肘不收手，要以肘螺旋化勁而收，手在退中求進。這就是太極拳中經常提到的「收即是放」的意思。在一路拳中的初收和倒捲肱中，都是運用這種勁路。此勁不僅要先收肘，同時還要有下塌外碾的分勁，但更要注意鬆肩沉肘。這種勁力的運用是掤勁的關鍵。

一、抖繩勁力練法

用一條較粗且長的纜繩，一頭繫於樹幹等其他穩實的物體之上。

練法如下：

1. 單手練法

（1）蹲馬步，右手抓繩，腰襠右轉，右手正旋，向右側運用爆發力拉繩，使繩索蕩起。隨繩子的下落，腰襠勁回轉，默記度數。如此反覆練習。（圖1-2-1）

（2）蹲馬步，右手抓繩，腰襠左轉，右手反旋，向左側運用爆發力拉繩，使繩索蕩起。隨繩子的下落，腰襠

圖1-2-1

圖1-2-2

勁回轉，默記度數。如此反覆練習。（圖1-2-2）

【要領說明】此法的練習，手法的走向盡力要求以太極拳的正反旋圈的手法為準繩，不可違背太極拳的原理。右手練累後，再改換左手練習，如此反覆訓練，日久自見功效。

2. 雙手練法

（1）右手抓緊繩子，左前臂掤住纜繩，配合右手向右轉換腰襠，拉抖繩子，默記度數。反覆練習。（圖1-2-3）

（2）左手抓緊繩子，右前臂掤住纜繩，配合右手向左轉換腰襠，拉抖繩子，默記度數。反覆練習。（圖1-2-4）

圖1-2-3

圖1-2-4

【要領說明】肘尖要沉，做到先收肘，後收手。隨功力的快速增加，練功次數也隨之遞增。

二、活勁模擬練法

此功法是活勁的捋手練法，是練習捋法的關鍵。經過長時間的練習，就能深刻領會到太極拳在捋法時先收肘、後收手的真正意圖和作用。

（1）選擇一條較長的木棒或竹竿，從中間選擇兩點用繩索繫牢，懸掛於高處，其前端懸掛一個較重的沙袋。（圖1-2-5）

圖1-2-5

（2）右腿在前，腰襠左轉，左手正旋，採住木棒較細的一端向左側順勢採勁；同時，右前臂掤住木棒，配合左手向左收捋。（圖1-2-6）

（3）腰襠右轉，左手擰住木棒外旋，向前推動木棒，襠勁下塌；同時，右手領勁下塌外碾。此法是擠勁的

圖1-2-6

圖1-2-7

練法。（圖1-2-7）

　　如此反覆練習。

　　【要領說明】太極拳的要訣是借力打力，要求是以小力勝大力，捋勁也不例外。右手的收肘要有螺旋的勁力，先收肘，後收手。主要是靠右臂的螺旋和腰襠的轉化將來勁引化。為了更加圓活轉化這種來力，腰襠左轉，同時配合了襠勁的轉換，這就是捋法的要領。此動作要求左右反

覆練習，久之，其理自通。

為了使讀者更加深刻地體會捋勁的使用方法，我再舉例說明一下：

如果這個木棒變成一個碗口粗細的鐵棒，以數萬斤之力向我胸口撞來，憑人類的自身能量，即使是世界上最有力量的人，恐怕也無法用手撥開來勢。所以，太極拳避免了使用僵勁。就拿右手的捋法來說，要化開此力，右臂反旋，用前臂掤住鐵棒，以腰襠的轉換及右手的自轉，隨鐵棒的深入而轉化，右手貼住鐵棒的邊緣，以掤勁感覺其來力的大小和方向，不需使用勁力，主要是靠身體的旋轉和手臂的自轉，使鐵棒擦身走空。歸根到底就是說，此勁力不是靠撥化開的，而是螺旋轉換使其走空，這就是太極拳所謂的借力打力、四兩破千斤。

第三節　擠　勁

擠勁主要是運用自己的身體緊緊地掤住敵之身體，以螺旋力引化敵之來力，使對方的力量走空而失去平衡的狀態。擠勁的要領，首先要做到重心的穩固，身體不可過於用力前傾，以免失去平衡。後腿微屈，要蹬住地面，力達腳跟。當對方用力之時，身體會產生一種反彈力。若發放對手，主要是靠身體的掤勁及腰襠的轉換及手法的自轉引勁。

一、擠功固定練法

我們可以找棵較粗壯的樹，作為練習擠功的固定目標。

（1）先用左面肩、臂擠住樹幹，雙腳用力蹬地。（圖1-3-1）

（2）身體用力上挺，左臂帶動身體向上旋轉，不管樹幹如何，手部及身體的掤勁不能丟。（圖1-3-2）

（3）在旋轉掤起樹幹之時，左手螺旋旋轉，同時向左前領勁，身體微右轉，感覺樹幹向前旋轉移動。（圖1-3-3）

圖1-3-1

如此反覆練習後，再改換右側練習。

圖1-3-2

圖1-3-3

二、擠功移動練法

選擇兩棵較大、堅實的大樹，用繩索的兩頭分別繫住大樹。用一根數公尺長的竹竿纏在繩索的中間，竹竿的前

端，懸掛一個較重的沙袋。

（1）右腿在前，腰襠左轉，左手正旋，採住木棒較細的一段，向左側順勢採勁；同時，右前臂掤住木棒，配合左手向左收捋。（圖1-3-4）

（2）腰襠右轉，左手擰住木棒外旋，向前推動木棒，襠勁下塌；同時，右手領勁下塌外碾。此法是擠勁的練法。（圖1-3-5）

圖1-3-4

圖1-3-5

如此反覆練習，之後再改換另一側練習。

【要領說明】在身體擠住物體之時，身體和手臂都要有旋轉，身體的旋轉是腰襠的轉換，手部的旋轉是手法的領勁自轉。腿法也是如此，不僅都是螺旋纏絲而且有虛實。切記：頭部儘量上頂領勁，如果頭部出現歪斜，身體的旋轉就不會靈敏，重心就不會穩固。

第四節　按　勁

按勁是太極拳重要的發力方法之一。按勁的方法，根據其發力的形式，又可分為短促勁和長勁。短促勁，我們通稱為「爆發力」。長勁大多是發放型的，有時對手被推出很遠，但還不傷及對手，這就是長勁。此勁力感覺後勁很大，讓人無法抵抗，力量作用於對手身體之時，人飛出很遠，即使想穩定住步法都很難。

按勁的練習又可分為固定按勁和靈活按勁兩種練法。在練習發力時，要保持鬆肩沉肘、沉襠塌勁。

一、固定按勁練法

1. 單手按勁練法

選擇兩棵較大、堅實的大樹，用繩索的兩頭分別繫住大樹。用一根數公尺長的竹竿纏在繩索的中間，竹竿的前端，懸掛一個較重的沙袋。

（1）練者右腿在前，左手採住竹竿的一端，成馬步

姿勢站立。（圖1-4-1）

（2）左手採住竹竿的一端，向左側下方採按，使竹竿另一端懸掛的沙袋蕩起。（圖1-4-2）

如此反覆練習。左手練累後，再改換右手。

【要領說明】這是按勁的模擬訓練，一定要鬆肩沉肘，發力時要有爆發力。此功的練法要循序漸進，下端物體的重量要月月遞增。此法對按勁的發力練習有明顯的作用。

圖1-4-1

圖1-4-2

2. 雙手按勁練法

選擇兩棵較大、堅實的大樹，用繩索的兩頭分別繫住大樹。用兩根數公尺長的竹竿纏住繩索的中間，竹竿的前端，各懸掛一個較重的沙袋。

（1）練者斜丁步或馬步站立，雙手各抓住竹竿的另一端。（圖1-4-3）

（2）雙手用力下按，使竹竿的前端沙袋蕩起。（圖1-4-4）

圖1-4-3

圖1-4-4

【要領說明】要求做到鬆肩、沉肘、塌襠。隨功力的增加，每月沙袋可以加重3~5斤。

二、靈活按勁練法

水中單按球法

在一個盛滿水的水缸中，投放一特大號的皮球或浮漂（海上養殖用的漂浮球），若水缸過高，可在地上挖坑，按高度埋入土中一部分。練者在缸側蹲馬步站立，以一手放置球上，然後用手按住皮球往水中按下。球受其浮力的作用，上下左右前後起伏不定，而手要按住皮球不讓其浮出水面。此法練習手的按力和聽勁，同時還可練習手法的粘黏連隨。一手累乏後，再改換另一手反覆練習。（圖1-4-5）

【要領說明】此練功方法，可以充分體會按勁的作用和意義。練者不可用蠻力，而要屏心靜氣，氣沉丹田。此

圖1-4-5

兩種按勁的練功方法是我在多年練習太極拳中所獨創，曾潛心習練多年，體會頗深。即使是未練過太極拳的人，按此法訓練，也便懂得太極拳的按法勁路。長期練習此功，按勁可突飛猛進，在實戰中，勁力渾厚，可以隨機應變，因勢利導。

第五節　採　勁

採，為採、摘之意。採法是太極拳重要的基礎手法。如果沒有採法，其他的手法都很難施展，所以採法的訓練就尤為重要。在接手時，要先以前臂掤住，然後引化其來力，順勢採住其腕部，切記不可生硬直接。手法的採勁也是螺旋轉換、步步為營、穩紮穩打。這是採勁的要訣，望學者謹記墨守。

一、單人採手練法

採與捋的練法一樣，選擇一根胳膊粗細較長的竹竿，用繩索繫住竹竿中間，繩子懸掛繫於高處，竹竿高與胸齊，前端懸掛上沙袋。

1. 右手採法

（1）右腿在前，雙腿成斜丁步或馬步站立，兩腿微屈，沉襠塌勁；起左手，以正旋圈開手螺旋掤接竹竿的一端。（圖1-5-1）

（2）左手纏繞並且抓緊，腰襠左轉，以腰帶手，向

圖1-5-1

圖1-5-2

左側方引勁採手。（圖1-5-2）

如此反覆練習。

【要領說明】在練習採勁時，手法要有螺旋勁，同時，腰襠要隨手法的螺旋而轉換。前腿在採手的同時，要有蹬地的支撐力，前腿的蹬力和手法的採勁相對稱，這是手與腿合的具體體現。

2. 左手採法

左手與右手的採法相同，只是方向相反，具體說明及圖略。

二、雙人採手練法

（1）甲乙兩人（淺色服裝者為甲，深色服裝者為乙。下同）對面而立，右腿在前，右手相搭，目視對方。（圖1-5-3）

（2）乙右手正旋外纏住甲方右手腕。（圖1-5-4）

（3）乙腰襠向右轉換，右襠角放鬆，左襠角右旋，採住甲右手，使甲身體前傾而失去平衡。（圖1-5-5）

（4）甲方身體站定，鬆襠右轉化解乙方的來力，同時，右手反纏乙方的右手。（圖1-5-6）

（5）乙身體站定，鬆襠右轉，採住甲手，同時，向右側採引，使甲身體失去平衡。（圖1-5-7）

如此反覆練習，再改換左手反覆練習。

圖1-5-3

圖1-5-4

圖1-5-5

圖1-5-6

圖1-5-7

【要領說明】採法的練習，要儘量保持身體的中正；
手法的轉換一定要圓活；腰襠不僅要鬆開，還要保證靈活

運轉；腿法也要配合腰襠的纏絲。手法在運用採法時，手部要有挒勁，也就是要有向外的分力。

第六節　挒　勁

　　挒勁，是太極拳的基本勁法之一。挒，我認為同「裂」，其意為斷開、分離。太極拳的挒勁，實際上就是將對手的胳膊、關節擰斷、分開之意。但從其勁路上區分，太極拳的挒勁同長拳不同之處是：太極拳的挒都含有螺旋勁，下塌外碾的分勁是太極拳獨有的特點。在使用挒法之時，一定要做到鬆肩沉肘，沉襠塌勁，這是太極拳永遠不變的法則。

　　下面我根據挒法的勁力，總結了兩種挒勁的練法，長久習練，能使學者提高和增加挒勁功力。此法分為上掤挒法和下掤挒法，望讀者多加練習和揣摩。

一、短棒別樹上掤挒法

　　練者面朝大樹，左手握一根二尺餘長前臂粗細的圓木棒，橫放於與胸同高的樹幹上，木棒的前端用結實的繩子繫於樹上。

　　練者右腿在前，左手掌心朝外握緊竹竿的一端，右前臂掤於木棒的上面中端，做塌襠掤旋發力外碾練習。如此左右手互換反覆訓練。（圖1-6-1）

　　【要領說明】在練習此功法時，一定要做到鬆肩、沉肘。左手抓握木棒要有擰旋勁，右手的螺旋要有外碾的分

圖1-6-1

圖1-6-2

勁，腰襠要隨手法的螺旋勁而做到自然轉換，身體要保持中正。

二、短棒挑物下挪捌法

　　練者面朝大樹，左手握一根二尺餘長胳膊粗細的圓木棒，橫放於與胸同高的樹幹上，前端懸掛10斤以上的重物，右腿在前，左手掌心朝下握緊木棒，右前臂挪於木棒的下面中端，做塌襠挪旋發力練習。如此左右手互換反覆訓練。（圖1-6-2）

【要領說明】左手抓緊木棒的一端，要有擰旋勁，同時，右手在上掤時，要做到螺旋領勁，雙手形成螺旋滾動之勢。禬勁要下塌。

第七節　肘　法

肘法是太極拳在中短距離中有效的進攻手段，在實戰中佔有重要的地位。它不僅包含了單肘的打法，也可以用雙肘攻擊；它不僅可以採用攻勢，也可以利用肘法採取防守；它不僅在攻擊中有短促、難防的特點，也具有爆發力強的優勢，使對手防不勝防。

它的擊法包括側頂肘、後撞肘、上挑肘、橫擊肘、下沉肘、上擊肘等不同方位的技法。

一、單擊肘

1. 側頂肘

面對沙袋而立，右腿進步，腰禬右轉，右手反旋，右肘螺旋向右側撞擊沙袋。（圖1-7-1）

【要領說明】出肘要有爆發力，肩部要鬆沉，不能有僵勁，肘尖處要有鑽頭勁。

2. 後撞肘

面對沙袋而立，身體向右後方微旋轉，右肘隨腰禬右轉，螺旋向後撞擊沙袋。（圖1-7-2）

圖1-7-1　　　　　　　　圖1-7-2

【要領說明】出肘要有爆發力，肩部要鬆沉，腰襠要圓活，不能有僵勁，肘尖處要有鑽頭勁。

3. 上挑肘

面對沙袋自然站立，右肘尖向外側螺旋挑擊沙袋。（圖1-7-3）

圖1-7-3

【要領說明】出肘要有爆發力，肩部要鬆沉，不能有僵勁，肘尖處要有旋轉勁，在右肘上挑時，身體要上挺領勁。

4. 橫擊肘

面對沙袋自然站立，身體向左旋轉，右肘同時向前橫擊。（圖1-7-4）

【要領說明】出肘要有爆發力，肩部要鬆沉，不能有僵勁。

5. 下沉肘

面對沙袋，身體向右旋轉，右手正旋，鬆肩沉肘，再腰襠左轉向下方沙袋沉擊。（圖1-7-5）

圖1-7-4　　　　　　　圖1-7-5

如此反覆練習。

【要領說明】沉肘下擊時，要有爆發力和鑽頭勁，肩部一定要鬆沉，不能有一絲一毫的起肩動作。下沉之時，

要配合沉襠。肘尖不要離身過遠，上臂儘量貼近身軀。

6. 上擊肘

面對沙袋，身體微右轉，右手內旋，肘尖領勁，腰襠隨之左轉並螺旋上走發力。（圖1-7-6）

圖1-7-6

【要領說明】出肘時要鬆肩，不能使用僵力，肘尖領勁，右手旋轉，要有爆發力。

二、雙擊肘

1. 雙側擊肘法

（1）馬步站立，雙手緊握啞鈴，交叉放於胸前，鬆肩沉肘、含胸拔背。（圖1-7-7）

（2）雙肘同時向兩側發力。（圖1-7-8）

【要領說明】身體微轉，鬆襠轉胯，雙肘內旋，發肘時要鬆肩沉肘，並要有爆發力。

圖1-7-7

圖1-7-8

2. 雙後擊肘法

（1）馬步站立，雙手緊握啞鈴，交叉放於胸前，鬆肩沉肘，含胸拔背。（圖1-7-9）

（2）雙手外旋同時，兩肘貼肋向身後發力頂出。（圖

圖1-7-9

圖1-7-10

1-7-10）

【要領說明】發肘時要鬆肩沉肘，並要有爆發力。

第八節　靠　法

靠法是太極拳近身實戰中的一種基本技法。「靠」在武術中就是利用身體的軀幹部位來撞擊敵人的打法。

「靠」一般可分為肩靠、背靠、胯靠、胸靠、肘靠等幾種打法。

一、肩　靠

1. 前　靠

（1）面對沙袋自然站立，進左步，以右肩內側向沙袋撞擊。（圖1-8-1）

圖1-8-1

圖1-8-2

圖1-8-3

（2）待沙袋蕩回之時，再改換以左肩內側撞擊。（圖1-8-2）

【要領說明】撞擊沙袋之時，肩擊要隨腰襠的轉換。發力要力達腳跟。

2. 側　靠

身體側立於沙袋之前，右腿側進一步，以右肩側撞擊沙袋。（圖1-8-3）

【要領說明】側靠的勁路多以直勁為主，其發力多為腰胯及腿部。

3. 後　靠

身體背對沙袋而立，微側身，腰襠右旋，以肩後側撞擊沙袋。（圖1-8-4）

【要領說明】撞擊沙袋之時，肩擊要隨腰襠的轉換。發力要力達左腿。

圖1-8-4

圖1-8-5

圖1-8-6

二、背　靠

　　背靠是以後背靠擊敵人的打法，一般在糾纏和摔打之時使用。它包括靠打、靠摔和打中帶摔、摔中帶打。（圖1-8-5）

三、胯　靠

1. 前胯靠法

　　練者面對沙袋，運用前胯靠擊沙袋。（圖1-8-6）

圖1-8-7　　　　　　　　　　圖1-8-8

【要領說明】當敵採用別法等欲摔我，或我進身至敵身後之時，也可採用前胯來擊打敵臀部，使敵失控摔出。

2. 後胯靠法

練者面對沙袋，運用臀部靠擊沙袋。（圖1-8-7）

【要領說明】當我採用填腰絆子或進身至敵身前時，可以利用臀部來靠擊敵襠、腹部位。總之，不管是前胯或後胯，不管是我被動還是主動靠近，只要一挨近胯處，就可以利用胯部來擊打敵人。太極拳中常說的「挨到何處何處擊」，就是這個意思。

四、胸　靠

胸靠是以胸部靠擊敵人的打法，一般在糾纏和摔打之時使用。在中國式摔跤法中，以得合、裏刀勾、外刀勾用得較多。（圖1-8-8）

第二章 內 功

第一節 躺練筋脈法

練法一 手握法

（1）練者面部朝上躺於床上，雙腿自然伸直；雙手掌心朝下，自然放於體側，掌心斜向相對，舌抵上　，以逆呼吸為主。（圖2-1-1）

（2）雙手用力屈指捲握、放開，如此反覆練習。每次練習以默記次數或分鐘計，直至雙臂累乏為止。（圖2-1-2）

【要領說明】此法每天可練習兩次，一般在晚上睡覺前和起床前各一次，只要堅持日久，此法不僅可使雙臂力量大增，也可使經絡暢通，防治很多老年疾病，延緩身體衰老，如動脈硬化、半身不遂、腦血栓、高血壓等諸多疾病。

圖2-1-1

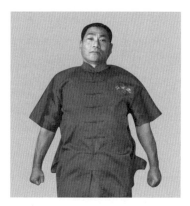

圖2-1-2

圖2-1-3

圖2-1-4

練法二　手旋轉法

　　練者面部朝上躺於床上，舌抵上　　，以道呼吸為主，雙腿自然伸直；雙手掌心朝上，五指散開。（圖2-1-3）

　　雙手外旋法：雙手掌根用力上托，雙手十指各向外旋，直至極點無法旋轉為止。（圖2-1-4）

　　雙手內旋法：雙手掌根用力上托，雙手十指各向內

旋，直至極點無法旋轉為止。
（圖2-1-5）

【要領說明】在練習時雙
手的內旋和外旋要同時鍛鍊，
外旋後再接內旋，如此反覆練
習。此法與手握法不同的是，
握手是筋向前後伸張，內外旋
轉是左右滾動撥張。兩法同時
練習，使筋絡達到全面鍛鍊疏
通的效果，望習練者不可忽視。

圖2-1-5

練法三　伸拉腳筋法

練者面部朝上躺於床
上，雙腿自然伸直；雙手掌
心朝下，自然放於大腿兩
側，雙眼微閉，舌抵上腭，
以逆呼吸為主。

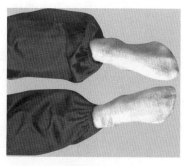

前伸練法：兩腳腳尖先
努力向前探伸，腳趾併攏，
猶如點腳狀。（圖2-1-6）

圖2-1-6

回收練法：雙腳腳趾回
勾，腳跟用力前蹬，如此反
覆練習。（圖2-1-7）

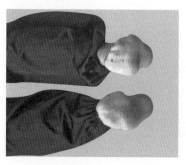

【要領說明】此法每天
可選擇在睡覺前和起床前堅
持鍛鍊。開始數天後，可能

圖2-1-7

因腿部的筋力脹滿微有疼痛感，這是正常現象，只要堅持日久，就會發現身體日見強壯，力量突增，身體感覺舒適自然。配合手握法的練習，使周身氣血、經絡暢通，可延緩身體衰老。

因為身體的經絡都與筋脈息息相關，特別是四肢，更是如影隨形，四肢的筋脈運動，就會充分疏導經絡的暢通，這樣就可防治如動脈硬化、半身不遂、腦血栓、高血壓等諸多疾病，從而達到延年益壽的功效。

練法四　腳旋轉練法

雙腳外旋法：此法連接伸拉腳筋法，預備式相同。雙腳十指用力外旋，做到無法旋轉為止。（圖2-1-8）

雙腳內旋法：此法接雙腳外旋法。雙腳外旋後稍停片刻，十指再努力向內旋轉，做到無法內旋為止。（圖2-1-9）

如此反覆練習。

【要領說明】與手法的要領相同。

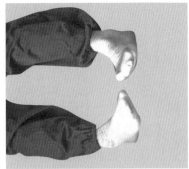

圖2-1-8　　　　　　　　圖2-1-9

第二節 坐練筋脈法

一、手握練法

（1）練者可以選擇椅凳、沙發等物體，端坐於上。（圖2-2-1）

（2）雙手自然放置於兩大腿上端，掌心斜向相對。（圖2-2-2）

（3）十指用力捲握、放開。（圖2-2-3）

如此反覆練習。

圖2-2-1

【要領說明】平心靜氣，舌抵上腭，以逆呼吸為主。

圖2-2-2

圖2-2-3

每天可抽空堅持鍛鍊，日久自會收到意想不到的良好效果。

二、伸拉腳筋法

練者可以選擇炕、床、沙發等處練習。練者端坐床、炕的邊緣，將雙腳伸出來練習，也可橫坐沙發之上。練法同上，圖略。

【**要領說明**】此法的練習要求小腿用一柔軟物體墊起，以預防腳後跟的筋部受損。其他皆同。

第三節　站練筋脈法

一、兩臂伸直握法

1. 側伸練法

（1）練者兩腳開立，與肩同寬，腰身挺拔，自然舒展；兩臂向兩側平伸，掌心向下。（圖2-3-1）

（2）十指用力，向內捲握。如此反覆練習。（圖2-3-2）

2. 前伸練法

（1）兩臂向前平伸，與肩同寬，掌心向下。（圖2-3-3）

（2）十指用力抓握。如此反覆練習。（圖2-3-4）

圖2-3-1

圖2-3-2

圖2-3-3

圖2-3-4

3. 上舉練法

（1）兩臂向上舉起，掌心向前，放鬆雙臂。（圖2-3-5）

（2）十指用力反覆抓握。如此反覆練習。（圖2-3-6）

圖2-3-5

圖2-3-6

圖2-3-7

圖2-3-8

4. 後伸練法

（1）兩臂向後，掌心向上。（圖2-3-7）

（2）十指用力反覆抓握。如此反覆練習。（圖2-3-8）

【要領說明】平心靜氣，舌抵上 ，以逆呼吸為主。每次練習要以次數計，次數的多少要根據自身狀況而定，基本達到所承受的極限即可。

二、兩腿提踵練法

1. 平地練法

（1）自然開立，與肩同寬，兩臂自然下垂於大腿兩側，平心靜氣，舌抵上 ，以逆呼吸為主，兩腿跟緩緩抬起到最大限度，重心移於前腳掌。（圖2-3-9）

（2）兩腳跟抬起稍待片刻，然後再慢慢落下，恢復到原位。（圖2-3-10）

如此反覆練習。

圖2-3-9　　　　　　　　圖2-3-10

【要領說明】此法的練習關建，就是在雙腳抬起時要配合逆呼吸的吸氣法；雙腳下落時，要採用逆呼吸的呼氣法。練習的次數自定。

2. 懸空練法

（1）選擇一穩定的台階，上方要有穩定的把握處。練

者雙腳前腳掌分開踩在台階的邊緣。（圖2-3-11）

（2）兩腳腳後跟向上緩緩抬起，身體再冉冉升高。
（圖2-3-12）

（3）雙腳升到極限後，再緩緩向下。（圖2-3-13）

如此反覆練習。

圖2-3-11

圖2-3-12

圖2-3-13

【要領說明】此法練習的關鍵，就是在雙腳抬起時，
要配合用逆呼吸的吸氣法；雙腳下落時，要採用逆呼吸的
呼吸法。另外，此法練習時一定要注意安全，特別要注意
下面腳踩的物體是否牢固，以防摔傷等事故發生。

第三章　太極拳破解腿法的實戰運用

第一式　金剛搗碓

用法一　破蹬腿右引左挒左腳外纏摔

（1）甲乙雙方各以格鬥姿勢面對。甲用右蹬腿向乙腹部或襠部攻擊。（圖3-1）

（2）乙見甲右腿蹬到，腰襠微左轉，用右手從內側接住甲來腿的腳後跟。（圖3-2）

圖3-1

圖3-2

圖3-3　　　　　　　　　圖3-4

（3）乙腰襠右轉，左腿上前一步，同時，以左手及前臂處掤住甲右腿關節處。（圖3-3）

（4）乙腰襠右轉，右手回捋，使甲進攻之勢繼續走空；接著，乙左腳尖抬起外旋，絆掤住甲左獨立腿的腳踝處，同時，加大左右手對甲右腿關節處的纏絲捌勁，使甲摔出。（圖3-4）

【要領說明】乙右手在接甲來攻的右腿之時，要順勢而接；左手在掤接甲腿之時，要配合步法同時而上。腰襠在右轉同時，要加大身體和手部的纏絲。關鍵之處是乙左腳的外纏阻擋，切記左腳跟不要離開地面，要用腳跟為軸旋轉而動。

用法二　破蹬腿右採左捌進步肘靠法

（1）甲乙雙方各以格鬥姿勢面對。甲用右蹬腿向乙腹部或襠部攻擊。（圖3-5）

（2）乙見甲右腿蹬到，腰襠微左轉，右手正旋收

圖3-5

圖3-6

圖3-7

圖3-8

手，從內側掤接住甲右腿的腳後跟處。（圖3-6）

（3）乙腰襠右轉，右手向右後方引化甲右腿，左腿微進步，同時左手掤於甲右膝關節處。（圖3-7）

（4）乙腰襠左轉，雙手加大對甲右腿向右後方的捋勁，同時，左手反旋走前塌外碾的擠勁，左肘順勢向前靠擊甲右胸肋部位，使甲摔出。（圖3-8）

圖3-9　　　　　　　　　圖3-10

【要領說明】這是接腿的掤旋靠摔法。右手在接腿的時候要順勢，不可有頂撞之勁；右手在掤接甲右腿後，要同時配合步法。腰襠在轉換的同時，要配合腰胯的發力，左手要有下塌外碾的擠勁。左肘的靠擊要有爆發力。

用法三　破右彈腿右採左纏捯擠靠摔

（1）甲乙各以格鬥姿勢面對。甲提右膝向乙腹部或襠部用彈腿攻擊。（圖3-9）

（2）乙腰襠左轉，右臂收手掤住甲腿來勢。（圖3-10）

（3）乙腰襠右轉，左腿快速從外側進步至甲右側，左臂外旋進掤甲右腿膕窩處，左手在上，右手在下，沉襠塌勁，將甲進攻之右腿以掤勁封夾住。（圖3-11）

（4）乙腰襠左轉，右手下採外碾向下，左手領勁外纏，雙手纏捯住甲右腿，隨腰襠左轉，運用左肩將甲靠擊而出。（圖3-12）

【要領說明】乙右手在掤甲右腿時要鬆而活，不可與

圖3-11　　　　　　　　　　圖3-12

甲彈腿之勁相頂。左手抄掤甲右腿之時，要配合步法而
進。右手下採時，要鬆沉下碾；左手纏捌，要手指領勁收
肘。左轉的擠靠而發，要運用腰襠和左肩發力。

用法四　破左高鞭腿右掤左纏別腿摔

（1）甲乙各以格鬥姿勢面對。甲以左高鞭腿向乙右
側頭部攻擊。（圖3-13）

圖3-13

圖3-14　　　　　　　　圖3-15

（2）乙腰襠右轉，右手正旋，從內側掤接甲左高鞭腿，左腿進步於甲右腿內側，同時左手反旋，從甲左腿膕窩處穿入，抱纏住甲左腿。（圖3-14）

（3）乙腰襠加大右旋，雙手抱纏住甲左腿，用左側肩部掤捌甲左腿，同時，左腿絆住甲右腿，以腰襠右轉發力將甲摔出。（圖3-15）

【要領說明】這是雙手抱纏甲左腿的掤摔法。乙右手在接甲高鞭腿之時要鬆肩、沉肘；出左手之時，左步要快速跟進。乙在腰襠右轉發力同時，身體的掤勁不能丟。

用法五　破外擺腿右掤左碾轉身別摔

（1）甲乙各以格鬥姿勢面對。甲用右擺蓮腿擊打乙方頭部。（圖3-16）

（2）乙腰襠右轉，左手先用反旋手法掤接住甲右擺蓮腿的攻擊。（圖3-17）

（3）乙腰襠右轉加大螺旋力，右手正旋接住甲右

圖3-16

圖3-17

腿，同時，進左腿於甲左腿
內側，左手反旋接住甲腿的
同時，順勢向甲襠部發下塌
外碾之掤勁，將甲螺旋摔
倒。（圖3-18）

【要領說明】乙右手在
接甲擺蓮腿之時，要鬆肩、
沉肘；出左手之時，左步要
快速跟進。右手在掤接甲右
腿時，要先有收捋之勁，然

圖3-18

後，左手領勁走前塌外碾，使甲失去平衡而摔出。

用法六 破右側踹腿抱纏右轉別摔法

（1）甲乙各以格鬥姿勢面對。甲用右側踹腿向乙方
身體上盤攻擊。（圖3-19）

（2）乙身體微左轉，用右手正旋手法掤接住甲來

圖3-19　　　　　　　　　　圖3-20

圖3-21　　　　　　　　　　圖3-22

腿。（圖3-20）

（3）乙腰襠右轉，左手反旋掤住甲腿之下，將甲右腿抱住，同時，進左腿於甲左腿內側。（圖3-21）

（4）乙腰襠加大右轉，雙手抱纏甲右腿向右側擰轉，同時左臂肱部掤住甲右腿，左腳走後外纏，將甲摔出。（圖3-22）

【要領說明】各式的腿法破解都有左右式，在這裏不再細述。在實際運用當中，太極八法可融會貫通，靈活運用。接手的要領，特別是以手接對手的腿法，更要求不與來力直接碰撞，應該順勢而接。掤接點的碰撞力越輕，說明手法就越正確和高明。在進步之時，身體不能晃動，進步要快，身體要完整一氣和協調一致，發勁要運用腰襠的轉換力而發。

第二式　懶紮衣

用法一　破右鞭腿左掤右捯別腿肩靠法

（1）甲乙各以格鬥姿勢面對。甲用右鞭腿向乙左側踢擊。（圖3-23）

（2）乙腰襠左轉，左手反旋，從甲右腿內側下方掤接住甲右腿，同時，右手收肘，從上向下封住甲右腿膝關節。（圖3-24）

圖3-23

圖3-24

圖3-25

圖3-26

（3）乙身體加大左旋，右腿快速進步至甲左腿後側；同時，用右肘靠擊甲胸部，使甲失去重心的平衡而向後跌出。（圖3-25）

【要領說明】此法在左手反旋接住甲腿下方之時，儘量向左外側分力，使甲右腿伸直，以便右手使用捌勁；同時，右手要在上方封住其腿的來路，以防甲右腿擊打到我左側頭部。右腿插進甲中門時要快捷，在進腿同時就要向左轉換，靠擊要有力。

用法二　破右蹬腿右勾手左擰踝捌摔法

（1）甲乙各以格鬥姿勢面對。甲用右蹬腿向乙腹部攻擊。（圖3-26）

（2）乙腰襠微左轉，右手從甲右腿下用勾手抄住甲右腿腳後跟，同時，左手反抓住甲右腳上端處，左手大拇指可同時反扣住甲腳底湧泉穴。（圖3-27）

（3）乙腰襠加大左轉，右腿微進步，左手掤住甲右

圖3-27

圖3-28

腳外旋捋拿，右手配合腰襠的左轉回收，使甲右腳踝因擰捋而導致摔倒。（圖3-28）

圖3-29

【要領說明】此法是攔擦衣對腳踝部位的捋法。在運用時，雙手的分勁要配合腰襠的轉換。要達到身、手勁力的協調一致。在擰摔甲時，乙右手可同時配合掌擊，以加大對甲的打擊。

用法三　破右蹬腿右勾左捋進步靠擊法

（1）甲乙各以格鬥姿勢面對。甲以右蹬腿向乙腹部攻擊。（圖3-29）

（2）乙腰襠左轉，用右手接住甲右腿腳跟處，同

圖3-30

圖3-31

時，左手反抓住甲右腿。（圖3-30）

（3）乙腰襠加大左轉，右腿進步至甲襠內，雙手捯擰甲腳踝，將甲右腿的勁力向左側引化，同時，以右肩、肘、胯等靠擊甲胸、腹、襠等處。（圖3-31）

【要領說明】這是一個連環進攻的招法。乙不管是接手還是進攻，要保證腰襠的靈活轉換，同時要鬆肩沉肘。攻擊的部位要自然而然，不可勉強為之，也就是說，挨到何處何處擊，這才是太極自然之妙境。

用法四　破右彈腿右拳組合左採右靠法

（1）甲乙各以格鬥姿勢面對。甲用右彈腿向乙方襠部攻擊。（圖3-32）

（2）乙左腿後退一步，變右腿在前，腰襠左轉，左手抱拳或變掌，姿勢不變，右手從上方收肘收掤拍擊甲攻擊的右腳面。（圖3-33）

（3）甲見右腿被乙封死，右腳落地踏實，急進右拳

圖3-32

圖3-33

圖3-34

圖3-35

奔乙面部打來。（圖3-34）

　　（4）乙見甲右拳到，腰襠微右轉，左手正旋，從內側掤接甲右拳，護住自己面部。（圖3-35）

　　（5）乙身體螺旋左轉，左手採住甲左腕向左後方引勁，同時，右腿進步至甲襠前，沉襠塌勁，用右肩靠擊甲胸部，將甲靠出。（圖3-36）

圖3-36　　　　　　　　　圖3-37

【要領說明】這是一式破彈腿的靠法。在化解甲右彈腿之時，乙右手的掤勁要順勢而化，不可硬接。破解彈腿的勁力，要像拍球一樣，手法上要有掤引的化勁。在使用靠法時，要隨腰襠的左轉螺旋發力，同時，要做到鬆肩沉肘，襠勁下塌。

用法五　破左鞭腿低旋擊襠進步擠靠法

（1）甲乙各以格鬥姿勢面對。甲用左高鞭腿向乙右側頭部攻擊。（圖3-37）

（2）乙腰襠右旋，進右步，低頭躲過甲攻擊的左腿，同時，使用左手撩擊或使用抓法等攻擊甲襠部。（圖3-38）

（3）乙腰襠左轉，右手掤住甲身體，手指領勁，用臂部擠住甲左臂，同時，用右肘靠擊甲肋部。（圖3-39）

【要領說明】此式是一個躲閃攻擊法。在運用此招法時，不僅躲閃要快，同時進步也要迅速，攻擊點要準確有

圖3-38

圖3-39

力，不可猶豫。右手的擠按或右肘的擠靠要有下塌外碾的勁。

用法六　破左蹬腿左纏右擠進步分捌法

（1）甲乙各以格鬥姿勢面對。甲用左蹬腿向乙胸、腹部位攻擊。（圖3-40）

圖3-40

圖3-41

圖3-42

（2）乙腰襠右轉，用右手從外側接住甲左腳後跟處，同時進右步，左手封壓甲左腿上。（圖3-41）

（3）乙腰襠左轉，左手外纏，向下旋轉纏抱住甲左腿，同時，右腿進步至甲右腿後側，近身從甲左腿外側進入，右手順勢掤擠住甲上盤。（圖3-42）

圖3-43

（4）乙腰襠加大左轉，左手抱纏甲左腿向左側纏捌，右手沉肘反旋掤擠，運用身體的掤法捌打甲左膝關節，使甲左腿筋斷骨折。（圖3-43）

【要領說明】此法是針對腿法的捌勁。在此式的使用上，封鎖甲腿的左手要固定住甲腿，以便乙之發力；身體在掤住甲膝外側關節時，加大向左的掤旋力。另外，乙雙

手要有下塌外碾的分勁，右手要注意收肘。

用法七　破左蹬腿左內勾手進步右按法

（1）甲乙各以格鬥姿勢面對。甲用左蹬腿向乙腹部攻擊。（圖3-44）

（2）乙腰襠右轉，左手從內側下方接住甲左腳後跟；同時，右腿從甲左側進步至甲後側，以腹部掤住甲腿部。（圖3-45）

（3）乙腰襠右轉，右手掤住甲胸部，運用擠按的鑽頭勁將甲發出。（圖3-46）

【要領說明】這是一個破蹬腿的擠按法。在具體的運用中，根據甲來力，發放

圖3-44

圖3-45

圖3-46

的方向和形式都有所不同。但不管如何，乙方都要保持重心的平衡，肩肘要鬆沉，發勁要猛脆，動作要乾淨俐落，右手要有下塌外碾的鑽頭勁力。

用法八　破左彈腿左引進步右按法

（1）甲乙各以格鬥姿勢面對。甲用左彈腿向乙襠、腹部攻擊。（圖3-47）

（2）乙腰襠微右轉，左手反旋，由上至下掤化甲左腿。（圖3-48）

（3）乙腰襠左轉，隨即上右腿至甲左側後，右手螺旋向前掤按住甲胸部，同時，沉襠塌勁，運用按勁將甲發出。（圖3-49）

圖3-47

圖3-48

圖3-49

【要領說明】這是左採右按之法。不僅可以化解手法，也可以破解腿法的攻擊。左手在掤化甲左腿的攻擊時，要有鬆活的掤引勁；右手在使用按法之時，要有前塌外碾的螺旋勁，同時，要鬆肩沉肘，沉襠發力。

第三式　六封四閉

用法一　破左彈腿左捋進步雙手按法

（1）甲乙各以格鬥姿勢抱拳面對。甲用左彈腿向乙襠部攻擊。（圖3-50）

（2）乙腰襠左轉，左手從左外側掤接住甲左腿，並向左側方回捋化解來勢，同時，右腿進步至甲左側後方。（圖3-51）

（3）乙腰襠右轉，右手正旋，按住甲心口及胸部；同時，左手配合右手，運用塌腕的寸勁將甲放出。（圖3-52）

圖3-50

圖3-51

圖3-52　　　　　　　　　圖3-53

【要領說明】乙的左捋抄左腿要連貫協調。右腿進步和雙手按擊要同時，要做到沉襠塌腕，走下塌外碾的螺旋勁。

用法二　破右彈腿抱摔採捋變擠靠法

（1）甲乙各以格鬥姿勢面對。甲以右彈腿向乙襠部攻擊。（圖3-53）

（2）乙腰襠左轉，沉襠塌勁，右手在上，左手在下纏抱住甲右腿，同時，右腿進步至甲襠內，欲用別腿抱摔之法靠擊甲腹。（圖3-54）

（3）甲見進攻的右腿受阻，急出右拳攻擊乙面部，以解右腿之圍。（圖3-55）

（4）乙腰襠右轉，左手外纏抱住甲右腿不變，右手正旋採住甲的右腕，同時，右手加大向左後方的採捋。（圖3-56）

（5）甲腰襠右轉，化解乙的螺旋引勁；乙右手捋勁走空，立即腰襠左轉，右臂鬆肩沉肘，右手採住甲右臂塌

圖3-54

圖3-55

圖3-56

圖3-57

腕發力，同時，右腿別住甲左腿，使甲失去重心而摔倒。
（圖3-57）

　　【要領說明】此法是破解甲右彈腿抱摔擠靠法的演變。
由於各種原因，乙的抱摔失敗，在甲出右拳反擊之時，乙
右手採挒甲右臂變擠按法。此法雖然變化較複雜，但整個
動作一氣呵成。乙右臂在運用按法和擠靠時，要做到鬆肩

圖 3-58　　　　　　　　　　　圖 3-59

沉肘，褶勁要下塌。

第四式　單　鞭

用法一　破右蹬腿左拳右勾左採摔跌法

（1）甲乙各以格鬥姿勢面對。甲使右蹬腿向乙腹部襲擊。（圖 3-58）

（2）乙腰褶微左轉，右手用正旋收手法，從內側接住甲來腿的右腳跟。（圖 3-59）

（3）甲右腿被制後，急出左拳向乙面部攻擊，欲化解右腿被動局面。（圖 3-60）

（4）乙腰褶微右轉，出左手以正旋手法採住甲左手腕。（圖 3-61）

（5）乙腰褶左轉，右腿進步於甲獨立的左腿後側，左手向左後方成捋勢，用左肩靠擊甲胸部，同時，右手掀抬甲右腿，甲會因為重心失去平衡而仰跌摔出。（圖 3-62）

圖3-60

圖3-61

【要領說明】此法是破解右蹬腿和左拳組合的摔打法之一。如果乙右手在勾住甲右蹬腿後，甲左拳大力攻來，乙左手採住甲左手腕時，要有向左後方的採挒勁；同時，右手要趁左採之勢掀抬甲右腿，配合靠法使甲失去平衡。雙手要隨腰襠的左轉形成合力。

圖3-62

用法二 破右蹬腿右拳右勾左採擠靠法

（1）甲乙各以格鬥姿勢面對。甲使右蹬腿向乙腹部攻擊。（圖3-63）

（2）乙腰襠微左轉，右手用正旋收手法從內側接住甲來腿的右腳跟。（圖3-64）

圖3-63

圖3-64

（3）甲右腿被制，急出右拳向乙面部攻擊。（圖3-65）

（4）乙見甲右拳到，以左臂掤接住甲來拳的右手，同時，左腿進步，左手領勁向前，腰襠左轉，左臂外旋掤擠，將甲擠靠而出。（圖3-66）

【要領說明】此法為破解右蹬腿、右拳的擠靠摔法。乙左手在掤接甲右拳的同時，左腿要快速進步，左手領勁，沉襠塌勁，左臂外旋擠靠。此動作要做到一氣呵成。

第五式　白鶴亮翅

用法一　破右彈腿左掤右按擊打法

（1）甲乙各以格鬥姿勢面對。甲用右彈腿向乙襠、腹部攻擊。（圖3-67）

（2）乙腰襠左轉，左手向下封按甲的右腿攻擊，同時，右腿進步至甲襠前，右手掤按住甲胸部，沉襠發力，

圖3-65

圖3-66

圖3-67

圖3-68

使甲向後跌倒。（圖3-68）

　　【要領說明】此法乙在按擊甲胸部時，上步要快捷，同時，還要做到鬆肩沉肘，襠勁下塌，發力要渾厚，要有爆發力。此式要根據距離的遠近，也可採用肩、肘等法靠擊。

圖3-69　　　　　　　　　　圖3-70

用法二　破右鞭腿左掤右捯靠摔法

（1）甲乙各以格鬥姿勢面對。甲用右鞭腿向乙左側攻擊。（圖3-69）

（2）乙腰襠左轉，左手以反手圈從外側掤接甲右腿下端，同時，右手掤接甲右腿膝關節處。（圖3-70）

（3）乙腰襠加大左轉，右腿上步到甲左腿內後側，右手隨腰襠左轉，加大對甲右腿膝關節的捯勢，使甲重心失去平衡，被乙左轉的螺旋勁摔向乙左前方。（圖3-71）

【要領說明】此法是破解中、低路鞭腿的方法之一。乙主要是靠腰襠的左轉，加大對甲右腿反關節的捯勢，來破壞甲的平衡。乙在腰襠左轉的同時，左腿儘量後撤，以加大左轉的角度。

用法三　破右高鞭腿左抱纏右捋按摔

（1）甲乙各以格鬥姿勢面對。甲用右高鞭腿向乙左

圖3-71

圖3-72

圖3-73

圖3-74

側攻擊。（圖3-72）

（2）乙腰襠左轉，左手以反手圈從內側纏抱住甲右腿，同時，右腿上前阻擋住甲獨立的左腿腳踝處，右手正旋採住甲後脖頸。（圖3-73）

（3）乙腰襠右轉，左臂將甲右腿向上抬起，右手採住甲頭部向右後方捋按，將甲摔出。（圖3-74）

【要領說明】此法，乙左手是從內側接手纏抱住甲右

腿，右手的捋按若在生死搏鬥中，可變化為抓住甲頭髮的
揪拉捋挒。右腿的阻擋不必太過用力，只要能阻止甲腿的
轉換即可。由於雙手的擰旋，右腿略微掤擋即可生效，達
到發放甲的目的。

用法四　破右蹬腿左勾進步右擠按法

（1）甲乙各以格鬥姿勢面對。甲用右蹬腿向乙襠、
腹部攻擊。（圖3-75）

（2）乙腰襠左轉，以
左勾手從外側抄住甲右腿的
腳跟處。（圖3-76）

（3）乙腰襠左轉，右
腿進步至甲獨立的左腿後
側，左手自然回捋，用身體
掤住甲右腿，右手正旋到甲
右肩處，以下塌外碾的螺旋

圖3-75

圖3-76

圖3-77

圖3-78   圖3-79

勁,將甲擠摔出。(圖3-77)

【要領說明】乙右手的擠按要有下塌外碾的鑽頭勁,要做到鬆肩沉肘,沉襠塌勁。假設對手個子較高,就用右肘靠擊;若對手的個子較矮小,右手就以下碾的螺旋勁將甲擠靠而出。

第六式　摟膝拗步

用法一　破蹬腿右勾左掤左別摔法

(1)甲乙各以格鬥姿勢面對。甲用右蹬腿向乙腹部攻擊。(圖3-78)

(2)乙腰襠左轉,右手從甲的右腿內側抄住其腳後跟。(圖3-79)

(3)乙腰襠右轉,右手抄住甲右腿不變,左腿進步於甲左獨立腿前方,同時,左手掤住甲右腿膝關節處。(圖3-80)

圖3-80

圖3-81

（4）乙腰襠加大右轉，左右兩手配合，加大螺旋的旋轉，用腰胯發力，將甲摔出。（圖3-81）

【要領說明】此法屬破解右蹬腿的前絆摔法。乙在勾接甲右腿的同時，左腿要快速上步。當乙腰襠右轉絆摔之時，身體要掤住甲右腿，起到掤捌的作用。

用法二　破右高鞭腿左抄右擊襠法

（1）甲乙各以格鬥姿勢面對。甲運用右高鞭腿向乙左側頭部踢擊。（圖3-82）

（2）乙腰襠左轉，左手反旋，從甲右腿內側下方用前臂抄住甲的右腿，同時，右手在左側面部阻擋，以防甲右腿的踢擊。（圖3-83）

（3）乙腰襠右轉，左手將甲右腿從頭上抄向右方，使甲下盤露出破綻。（圖3-84）

（4）乙腰襠左轉，進左腿至甲後側方，同時，沉襠塌勁，用右手順勢抓擊甲襠部。（圖3-85）

圖3-82

圖3-83

圖3-84

圖3-85

【要領說明】此法是破解右高鞭腿的左抄右擊襠法。此法乙在左手抄腿後，甲右腿在空中運行未落地的瞬間，左腿進步至甲右側後，身體下潛，同時，右手可以向甲襠部攻擊。可用掌撩擊，也可變爪抓擊。

第七式　初　收

用法一　破右蹬腿右勾左挪退步回捋轉化摔

（1）甲乙各以格鬥姿勢面對。甲出右蹬腿向乙腹部攻擊。（圖3-86）

（2）乙腰襠右轉，左腿向前進步，同時，用右手接住甲右腿的腳後跟。（圖3-87）

（3）乙腰襠右轉，左手以反手外旋之法按至甲右大腿根部，有下塌外碾之勁；同時，右、左腿塌勁，依次回撤一步，雙手配合螺旋回捋，將甲右

圖3-86

圖3-87

圖3-88

圖3-89

圖3-90

腿拉近下按外挒，腰襠右轉使甲前傾而倒。（圖3-88）

【要領說明】當甲右腿蹬來之時不要慌張，要沉穩不亂。在右手接甲右腳跟時，要輕靈沉穩；左手的運用要與左腿進步同時，左手先走挒勁的前碾，而後在左腿回撤之時，運用收捋之勁使甲前傾。此式在接腿回捋的同時，一定要遵循襠勁下塌，要有螺旋收手的勁力。

用法二　破雙手抓肩左膝擊襠右掤左捋摔法

（1）甲雙手抓住乙雙肩，進身提左膝向乙襠、腹部位撞擊。（圖3-89）

（2）乙腰襠右轉，右手掤住甲左膝外側向左側收掤，同時，右腿微後撤，左手掤住甲右臂向右方螺旋外碾，將甲摔出。（圖3-90）

【要領說明】這是破解雙手抓肩膝攻之法。當甲左膝進攻的剎那，乙右手掤住甲來攻的右膝外側，使其左膝無法攻擊，同時，腰襠右轉，配合左手的碾法將甲摔出。

第八式　斜行拗步

用法一　破右拳右高鞭腿右採左抄借腿捌臂法

（1）甲乙各以格鬥姿勢面對。甲進左步出右拳，向乙面部攻擊。（圖3-91）

（2）乙腰襠左轉，右手正旋，從外側採住甲來拳的右手腕。（圖3-92）

（3）甲為化解乙的採勁，腰襠左轉，順勢起右高鞭腿攻擊乙的左側頭部。（圖3-93）

（4）乙見甲右腿攻到，立即腰襠左轉，

圖3-91

圖3-92

圖3-93

圖3-94　　　　　　　　　　圖3-95

左手用反手圈從內側的下方抄住甲右腿。（圖3-94）

（5）乙腰襠右轉，右手擰住甲右手腕向外旋轉，同時，左手抄住甲右腿向上掀抬，將甲右腿撥向甲的右臂反關節上端，形成單臂拿法。（圖3-95）

【要領說明】這是一招先破右拳、後破對方右鞭腿的連環招法，此法在散打中經常使用。接手在這裏就不再重複敘述了，但乙方的接腿，左手要抄住甲右腿，乙在走反手上旋時，一定要配合腰襠的轉換。乙的右手不要鬆開，即使甲的右腿被翻轉到甲的右臂之上，也不可鬆，這是借助敵腿的拿臂捌法之一。

用法二　破右拳右高鞭腿右採左抄右肘擊肋法

（1）甲乙各以格鬥姿勢面對。甲進左步出右拳，向乙面部攻擊。（圖3-96）

（2）乙腰襠左轉，右手正旋，從外側採住甲來拳的右手腕。（圖3-97）

圖3-96

圖3-97

圖3-98

（3）甲腰襠左轉，為化解乙的右手採勁，順勢起右高鞭腿攻擊乙的左側頭部。（圖3-98）

（4）乙見甲右腿攻到，左手立即出反手圈抄住甲右腿。（圖3-99）

（5）乙腰襠左轉，右手採住甲右手向右側方採挒，右腿順勢進步至甲襠前，同時，右肘內旋，向前用爆發力

圖3-99　　　　　　　　　圖3-100

撞擊甲右肋。（圖3-100）

【要領說明】這是一招破腿的快速進擊法。乙的右手採勁不丟，右肘的進攻要走螺旋外碾勁，出肘發力之時，乙的腰襠要下塌，要求做到開襠圓胯，發力要猛，頭部要做到微微領起全身的勁力。

第九式　再　收

用法一　破右蹬腿右勾左抱纏轉身背摔

（1）甲乙各以格鬥姿勢面對。甲以右蹬腿向乙襠、腹部攻擊。（圖3-101）

（2）乙腰襠微左轉，用右勾手從內側接住甲蹬來的右腳後跟。（圖3-102）

（3）乙腰襠右轉，右手抓住甲右腳的腳踝微微向右側領勁，左腿進步至甲襠前，同時，左手從甲右腿下穿入，配合右手纏抱住甲右腿。（圖3-103）

圖3-101

圖3-102

圖3-103

圖3-104

（4）乙腰襠加大右轉，右腿向後倒插步，將甲右腿扛於左肩上，腰襠旋轉向上，雙手同時配合，將甲摔出。（圖3-104）

【要領說明】這是一招扛腿的摔法。此式在乙接腿、插步到扛摔，要一氣呵成，動作要連貫。在這裏要強調一點，有人會問：太極拳不都是講究中正安舒嗎？此式是否

也講究中正？當乙彎腰塌勁，扛甲右腿前摔之時，為什麼就不講中正了。在這裏，我想借此式講解一下有關太極拳中正和轉換的基本規律。

太極拳對中正的要求非常嚴格，每招每式都有腰襠的轉換，還要保持中正，這是太極拳永遠不會改變的法則。我這樣說，有的朋友就會提出質疑：如本式的背負摔，中正安在？其實，此式的摔法，也沒有離開中正。《十三勢行功心解》中言：「氣若車輪，腰如車軸。」我們在平常講解腰襠的轉換，中正安舒，被大家理解為都是在站立的情況之下。其實，站立情況下的中正在轉換時，屬於平正的轉換。就像車軸垂直支撐著平正的車輪一樣，不管怎樣轉動，中軸都不會移動似的。那麼，我們就可以再將背負摔的彎腰發勁比喻成滾動的車輪，這時的車軸是橫起來的，車輪在向前轉動時，與車軸自轉的道理一樣。也同小孩子玩的風輪，不管風向角度如何，正的、歪的、斜的，其軸並不動，所轉動的只是輪。所以說，不管如何轉換，中軸不可晃動，這就是中正的道理。所轉動的只是外表的輪，只要輪走圓，其勢就可化解一切來力，同時，也可攻擊一切悍敵，這就是太極拳為什麼要圓的緣故。有的太極拳大師將這些說成是斜中隅正，就是這個意思。

用法二　破左蹬腿右勾左掤轉身別摔法

（1）甲乙各以格鬥姿勢面對。甲使左蹬腿向乙襠、腹部攻擊。（圖3-105）

（2）乙腰襠微右轉，用右勾手從外側接住甲蹬來的左腳後跟。（圖3-106）

圖3-105

圖3-106

圖3-107

圖3-108

（3）乙腰襠左轉，右手向上掀抬甲左腿，同時，左腿上步至甲獨立的右腿後內側，左手反旋收掤甲左腿的膝關節處。（圖3-107）

（4）乙右腿後插，身體加大右轉，左腿配合絆住甲右腿，使甲難以轉化，右手加大向右後的採挒，將甲別摔而倒。（圖3-108）

圖3-109

圖3-110

【要領說明】此式在乙接腿之時，左腿要跟進；當乙右腿後插轉體時，左手要掤住甲左腿。身體要保持中正，同時要求做到沉襠塌勁。

第十式　掩手肱捶

用法一　破右彈腿左掤按右擊法

（1）甲乙各以格鬥姿勢面對。甲用右彈腿向乙襠部攻擊。（圖3-109）

（2）乙腰襠左轉，沉塌襠勁，左手逆纏掤住甲攻擊的右腿踝關節做外碾擠靠，同時，右拳向前螺旋擊打甲胸、腹部位。（圖3-110）

【要領說明】此式的化打，不僅可以化解敵手法的攻擊，也可化解敵之腿法。在敵起彈腿時，可以用單手掤化，也可出雙手防守。在手法掤接後，要下塌襠勁。乙腰襠左轉時，左手要有擠勁；右拳出擊時，要繃直右腿，腰

裆發力。右拳的擊打，要有爆發力。身體在上步的同時，身法、手法、步法要協調一致。

用法二　破右鞭腿左纏抱左轉右擊打法

（1）甲乙各以格鬥姿勢面對。甲用右高鞭腿向乙左側頭部攻擊。（圖3-111）

（2）乙腰裆左轉，右手反旋至左臉側防守甲右高鞭腿，同時，左手以反旋圈由內向外纏抱住甲的右腿。（圖3-112）

（3）乙腰裆加大左轉，左手螺旋向左後側掤住引勁，右手變拳螺旋逆纏，向前擊打甲胸口或面部等。（圖3-113）

圖3-111

圖3-112

圖3-113

【要領說明】這是掤接中、高路鞭腿的拳法反擊。在接甲右腿的同時，乙右手要反旋至左側頭部，以配合左手的防守。在腰襠左轉出右拳攻擊時，左手向上抱住甲腿，要有纏捌勁。

用法三　破右鞭腿左手反纏右捯腳跟法

（1）甲乙各以格鬥姿勢面對。甲用右高鞭腿向乙左側頭部攻擊。（圖3-114）

（2）乙腰襠左轉，左手反旋，從甲右腿下纏住甲右腿。（圖3-115）

（3）乙左手纏掤住甲右腿不變，左上臂掤住甲右腳面，同時，右手上前扳住甲右腳跟。（圖3-116）

（4）乙腰襠右轉，左手反旋掤住甲右腳不變，右手加大扳捯勁，使甲右腳踝受到纏捌而被摔倒。（圖3-117）

【要領說明】此法是破解右鞭腿的反捌腳踝摔法。此法在左手掤接甲右腿時，左臂要掤住甲右腳。右手的扳拉

圖3-114

圖3-115

圖3-116　　　　　　　　圖3-117

要做到與腰襠的右轉相一致。

第十一式　十字手

用法一　破右蹬腿右逆纏進步肩靠法

（1）甲乙各以格鬥姿勢面對。甲用右蹬腿向乙腹部進行攻擊。（圖3-118）

（2）乙腰襠左轉，右手以收手之法，從內側勾住甲右腳後跟。（圖3-119）

（3）乙腰襠右轉，右手抄住甲右腿繼續逆纏向乙右側引化，同時，左腿進步至甲左腿後側，左手順勢掤擠甲右側身體。（圖3-120）

（4）乙腰襠左轉，右手掤住甲右腿不變，用右肩順勢靠擊甲胸部。（圖3-121）

【要領說明】這是化解甲右蹬腿的肩靠之法。乙在腰襠轉換時，右手掤勁不可丟，手法要圓活，腰襠的轉換要

圖3-118

圖3-119

圖3-120

圖3-121

與肩靠協調一致，發力要猛。

用法二　破右側踹腿右逆開進步按靠

（1）甲乙各以格鬥姿勢面對。甲用右腿側踹，向乙胸、腹部進行攻擊。（圖3-122）

（2）乙腰襠左轉，沉襠塌勁，右手以反纏手法，從下至上掤化甲右腿的攻擊。（圖3-123）

圖3-122

圖3-123

（3）乙腰襠右轉，右手逆開，將甲右腿向右後側引化，同時，右腿進步至甲身後側，左手逆纏開手掤擠住甲右手，使其無法出手進攻。（圖3-124）

（4）乙腰襠左轉，左手運用擠法配合，同時，右手按至甲胸前，塌襠發力，將甲發出。（圖3-125）

【要領說明】這是一化即打的手法。它不僅可以破解腿法，也可以運用到破解手法當中。在化解腿法及手法的

圖3-124　　　　　　　　　　圖3-125

同時，右腿進步靠近對手，遠者運用按法，近者還可以用肘、膝等法來攻擊；要是貼身，就用靠法。從此式可以充分反映出太極拳的節節貫穿之勢。

第十二式　庇身捶

用法一　破右鞭腿左拳夾脖摔

（1）甲乙各以格鬥姿勢面對。甲出右高鞭腿向乙的左側頭部踢擊。（圖3-126）

（2）乙腰襠左轉，左手反旋，從內側掤接甲右腿。（圖3-127）

（3）甲腰襠右轉，急出左拳攻擊乙面部，以

圖3-126

圖3-127

圖3-128

圖3-129

圖3-130

解右腿之圍。（圖3-128）

　　（4）乙腰襠繼續左轉，右手出反手圈，向左側掤化甲左手來拳。（圖3-129）

　　（5）乙腰襠右轉，左手抄住甲右腿不變，同時，右手領勁，出正手圈反夾住甲脖頸。（圖3-130）

　　（6）乙腰襠右轉，右臂反夾住甲頸向右側旋轉上

提，右肘下沉，將甲摔向右
後方。（圖3-131）

【要領說明】乙右手在
掤接住甲來拳之時要有粘黏
勁。在上旋夾脖之時，右手
要領勁，更要有螺旋掤勁。
夾脖後，腰襠的旋轉及周身
的配合要協調一致，同時，
要做到沉襠塌勁。頭部要領
勁，隨腰襠的右轉要向右甩臉。

圖3-131

用法二　破左蹬腿左拳捌靠法

（1）甲乙各以格鬥姿勢面對。甲用左蹬腿向乙腹部
攻擊。（圖3-132）

（2）乙腰襠右轉，右手反旋，從內側抄住甲左蹬腿
的腳後跟。（圖3-133）

圖3-132

圖3-133

圖3-134

圖3-135

（3）甲腰襠右轉，急出左拳擊打乙面部，以解左腿之圍。（圖3-134）

（4）乙腰襠左轉，抄住甲左腿的右手不變，左手正手圈順勢從外側採住甲左手來拳。（圖3-135）

（5）乙腰襠左轉，左手向左側採捋甲左臂，同時，乙右腿進步至甲襠前，

圖3-136

右手趁機放棄甲左腿，用右側身體挪住甲左臂肘關節，配合左手對甲左臂肘關節成挒靠之勢。（圖3-136）

【要領說明】此招是化解腿法再變化為上部挒靠法的左式披身捶用法。此招充分體現了太極拳的虛實結合、陰陽互濟的道理。

此式在化解腿法後，轉化為上部的接手，在腰襠左轉

接手到向左側採捋之時，要做到旋轉圓活，身體要保持中正，否則，身體歪斜，轉換就不能靈活，上部的採捋就會失敗，同時也會導致右靠的失敗，從而前功盡棄。

第十三式　背折靠

用法一　破左彈腿右掤左按右崩拳擊面法

（1）甲乙各以格鬥姿勢面對。甲起左彈腿向乙方襠、腹部彈擊。（圖3-137）

（2）乙腰襠微右轉，沉襠塌勁，雙手由上至下掤按住甲左腿的攻擊。（圖3-138）

（3）乙腰襠繼續右轉，左手隨腰襠的轉換掤住甲左腿，右手騰出準備攻擊。（圖3-139）

（4）乙腰襠左轉，左手的掤按勁不丟，並向左側方捋按引化，同時，右腿進步至甲左後側，右手旋轉向前發力，用右拳背崩擊甲面門和頭部。（圖3-140）

圖3-137

圖3-138

圖3-139　　　　　　　圖3-140

【要領說明】當乙雙手掤接甲左彈腿之時，手的觸掤點不可以有頂撞勁，要做到鬆肩沉肘，不僅使其腿來力落空，還要做到掤勁不丟，這是所有迎著來力接手的必然法則。

用法二　破右蹬腿右抄右引右拳崩砸打法

（1）甲乙各以格鬥姿勢面對。甲使用右蹬腿向乙襠、腹部攻擊。（圖3-141）

（2）乙腰襠左轉，用右手從內側接住甲右蹬腿的腳後跟，掌心朝上，向上抄掤。（圖3-142）

（3）乙腰襠右轉，右手抄住甲右腿向右側方引化，左手順勢掤按住甲右膝，同時，要做到含胸收腹，以防甲由蹬腿變化為點腿的傷害。（圖3-143）

（4）乙腰襠左轉，左手封按住甲右腿，乙右腿進步至甲襠前，同時，右手變拳，以崩拳向上砸擊甲面部。（圖3-144）

圖3-141　　　　　　　　　　圖3-142

圖3-143　　　　　　　　　　圖3-144

　　【要領說明】此式的關鍵是左右兩手在接腿和接腿後的轉換上。右手在抄接甲右腿時要順勢而接，當甲右腿的餘力還繼續運行的時候，右手順勢抄起，盡量不與甲來力相撞。此接腿之法如同建築工人在高處接住從下面往上拋起的磚頭一樣，手法要跟住磚頭的運行速度，這就是太極拳中連隨的微妙之處。在實戰中，不管其拳法來勢多快，還是腿法攻勢多猛，接手的方法都要如此，輕靈而不失運

化，方為太極真神妙。

用法三　破左蹬腿右拳右抄左按變崩打法

（1）甲乙各以格鬥姿勢面對。甲使用左蹬腿向乙襠、腹部攻擊。（圖3-145）

（2）乙腰襠左轉，沉襠塌勁，右手從甲左腿外側掤接甲左腿，同時，左手封按住甲左腿上端。（圖3-146）

（3）甲左腿被乙抄住，為防乙一破即打，甲採取以攻為守的策略，腰襠微左轉，急出右拳攻擊乙面部。（圖3-147）

（4）乙腰襠左轉，右手抄住甲左腿不變，左手反旋，從外側封按甲右臂。（圖3-148）

（5）乙腰襠左轉，右腿進步，左手按住甲右臂，同時，右手變崩拳，突然向前崩砸甲面部。（圖3-149）

【要領說明】此式是破解腿法和拳法的崩拳打法，其要領與破單手和單腿的模式基本相同。崩拳的打法，主要是中短距離的反擊方法。

但太極拳的背折靠與長拳的崩拳所不同的是，長拳的崩拳是純剛的勁力，其攻擊的特點講究的是純爆發力，而太極拳雖然也講究爆發力，但其爆發力的運用是鬆沉圓活。背折靠的打法也不都是力點在右拳的拳背，其實，右手領

圖3-145

圖3-146　　　　　　　　圖3-147

圖3-148　　　　　　　　圖3-149

勁崩彈之時，右臂還有一股擠靠勁，它根據情況的不同，有下塌外碾的碾軋力和擠靠力。希望練者多加體悟。

第十四式　下掩手捶

用法一　破左蹬腿左勾手右拳撩陰法

（1）甲乙各以格鬥姿勢面對。甲出左蹬腿向乙腹部

圖3-150 　　　　　　　　圖3-151

攻擊。（圖3-150）

（2）乙腰襠右轉，用左手從內側接住甲左蹬腿的腳後跟。（圖3-151）

（3）乙腰襠左轉，左手帶住甲左腳跟向左側引化，同時，右腿上步，右手搧按住甲左腿膝關節處。（圖3-152）

（4）乙腰襠右轉，右手領勁反旋向下，用右拳的拳輪擊打甲心口或襠、腹部位。（圖3-153）

【要領說明】此式的要點關鍵在乙右手的螺旋進擊中。當乙右臂搧住甲左腿時，右手的外旋與甲左腿的搧點不丟。右手外旋時要有反旋的纏絲勁。

用法二　破左鞭腿左架右反纏撩陰法

（1）甲乙各以格鬥姿勢面對。甲出左高鞭腿向乙右側方的頭部攻擊。（圖3-154）

（2）乙腰襠右轉，左手護住右側臉、頭部，搧住甲

圖3-152

圖3-153

圖3-154

圖3-155

左腿的攻擊，同時，右手反旋，從甲左腿下抄住甲腿。
（圖3-155）

　　（3）乙腰襠左轉，右手抄住甲左腿向左側引化。
（圖3-156）

　　（4）乙腰襠右轉，左手接過右手抄住甲左腿，右腿
向甲左後側進步，同時騰出右手，貼住甲左腿內側前旋領

圖3-156　　　　　　圖3-157

勁，向甲襠部撩擊。（圖3-157）

【要領說明】此招是一式破解高鞭腿的撩陰法。此式從接腿到換手，以及到進步撩陰，都要一氣呵成。乙在右手撩擊時，肩、肘要放鬆，勁力要直達拳、掌的梢節。整個臂膀猶如一條鞭子，要有甩、抽的鞭勁，同時，身體右側還要有擠靠勁。

第十五式　雙推手

用法　破右蹬腿左抄右捌右封左按法

（1）甲乙各以格鬥姿勢面對。甲出右蹬腿向乙腹部攻擊。（圖3-158）

（2）乙腰襠左轉，襠勁下塌，左手從外側抄住甲右腿的腳後跟，同時，右腿進步至甲襠前，右手順勢捌住甲右膝關節處。（圖3-159）

（3）乙腰襠右轉，右手正旋，向上封擠住甲右臂，

圖3-158

圖3-159

同時，左手放棄甲右腿，向上按擊甲右肋，將甲按出。（圖3-160）

【要領說明】乙右手的封按要做到鬆肩沉肘，左手的按擊要配合腰襠的沉襠塌勁，發力要有爆發力。

圖3-160

第十六式　三換掌

用法一　破左蹬腿右捋左碾擠靠摔法

（1）甲乙各以格鬥姿勢面對。甲用左蹬腿向乙襠、腹部攻擊。（圖3-161）

（2）乙腰襠右轉，右手從甲左腿外側刁住甲左腳後

圖3-161　　　　　　　　圖3-162

跟。（圖3-162）

（3）乙右手抄住甲左腿向上方掀抬，同時，左腿進步至甲襠前，左掌順勢向甲胸部按擊。（圖3-163）

（4）甲腰襠右轉，化解乙左掌的按勁。乙借助甲腰襠右旋之勢，左手順勢螺旋外碾，同時，右手採住甲左腿向右後方收捋，使甲被乙擠靠分勁而摔向右前方向。（圖3-164）

【要領說明】這是一招破解腿法的摔式，左右腿法破解和進攻都是相同的。需要強調的是，右手接住甲左腿後，就要快速進步出手按擊，應該說，左右手的對拉勁要同時分開，只有這樣才會把握住戰機。在實際運用中，如果出手按擊失利或被甲轉換，左手掤勁不丟，立即順勢走螺旋變擠靠，使甲仰跌而出。此幾式的變化要一氣呵成，周身要求協調一致。

圖3-163　　　　　　　　　　圖3-164

圖3-165　　　　　　　　　　圖3-166

用法二　破左蹬腿右拳左採左按摔法

（1）甲乙各以格鬥姿勢面對。甲用左蹬腿向乙襠、腹部攻擊。（圖3-165）

（2）乙腰襠右轉，右手從甲左腿外側抄住甲左腳後跟。（圖3-166）

圖3-167　　　　　　　　圖3-168

（3）甲腰襠左轉，右手出拳向乙面部急攻；乙腰襠左轉，左手正旋，從內側採住甲右拳。（圖3-167）

（4）乙腰襠右轉，右手向前按住甲左肩，外碾塌發，右手採住甲左腿向右後收捋，使甲失去平衡而摔倒。（圖3-168）

【要領說明】此法的轉換就是右引左按的擊打之法，它使甲完全失去了平衡和控制。但要注意的是，乙在向前旋轉擊打時身體要下塌，不能失去平衡，此法如果靠敵太近，可以用肘擊或肩靠。

第十七式　肘底捶

用法一　破右蹬腿捌拿腹掤摔法

（1）甲乙各以格鬥姿勢面對。甲用右蹬腿直擊乙襠、腹部位。（圖3-169）

（2）乙腰襠左轉，用右手抄住甲右腿的腳後跟。

圖3-169

圖3-170

圖3-171

圖3-172

（圖3-170）

（3）乙腰襠右轉，左腿進步，同時，左手反旋，掤至甲右膝關節處施用捯法。（圖3-171）

（4）甲右腿受到乙的捯勁，不由自主地想撤回右腿；乙借勢用腹部掤住甲右腳底面，用腹部的崩彈勁，再配合雙手的捯拿勁力向前塌發，將甲摔出。（圖3-172）

【要領說明】這是一招腹掤摔法。在散打搏鬥中，經常會碰到對方的蹬腿，當乙接住甲腿法之時，往往其腳底面緊挨自己腹部，我可以順勢借助腹部的崩彈發力，將力由甲腿傳遞到甲身體，使其摔出。

此法的要點在於雙手要配合捋法，控制甲腿部，不能使之彎曲；發力時，要求沉襠塌勁，身體要掤住甲腳底面，不可硬撞，要有螺旋掤法的勁力。

用法二　破左鞭腿別摔變靠打法

（1）甲乙各以格鬥姿勢面對。甲用左鞭腿向乙右側方攻擊。（圖3-173）

（2）乙腰襠右轉，左手以反旋手法掤架甲左腿，同時，右手用正手旋圈從甲左腿外側纏抱住甲左腿。（圖3-174）

（3）乙腰襠加大右轉，左腿從甲襠內插步至甲右腿後側，纏絆、控制甲右腿。（圖3-175）

圖3-173

圖3-174

圖3-175　　　　　　　　　圖3-176

（4）若甲出左拳反擊，乙腰襠左轉，左手採住甲左腕向左後引勁，同時，左臂、肘配合用擠靠法，靠擊甲左肋，將甲擠靠摔出。（圖3-176）

【要領說明】此法在接甲左腿之時，左手一定要掤住甲左腿。右手在纏拿甲左腿時，左腿要同時上步。雙手在捯拿甲左腿時，左手要有下塌外碾的勁力。此法不僅可以捯摔，也可以別摔，望學者靈活運用。

第十八式　　閃通背

用法一　破左鞭腿下掃腿法

（1）甲乙各以格鬥姿勢面對。甲使用左高鞭腿向乙右側頭部踢擊。（圖3-177）

（2）乙進左步，腰襠右轉，右手在下，掌心朝上，左手在上，掌心向下，雙手成大虎口形，接住甲右高鞭腿法。（圖3-178）

圖3-177

圖3-178

（3）乙左腿下蹲，身體加大向右後方向的旋轉力，右腿向後掃踢甲獨立的右支撐腿，使甲失控而倒。（圖3-179）

【要領說明】此招是破解敵腿的後掃腿使用方法。當乙纏抱住甲左腿之後，身體右轉要迅速，同時，雙手抱住甲腿要有掤勁。掃腿的

圖3-179

力點要在右腳後跟處。掃腿時，右腳不可離開地面。此法不僅可以破解左側的腿法和右側的來腿，以及各種腿法，只要時機把握得當，都可以運用後掃腿法。

特別說明一點，此招當敵方不管出拳或出左右兩側的腿法，在急速的攻擊情況下，我可以不去接手，而直接以後掃腿進攻。但注意一點：出其不意，不可被敵察覺意圖。

用法二　破右鞭腿下撩陰法

（1）甲乙各以格鬥姿勢面對。甲出右高鞭腿法向乙左側頭部踢擊。（圖3-180）

（2）乙腰襠微左轉，用左手掤接甲右腿，順勢從頭上向右側螺旋掤化。（圖3-181）

（3）乙在左手隨掤甲右腿的同時，沉襠塌勁，身體下沉，同時，左腿進步，腰襠左轉，右手掌心向上，順勢向前撩擊甲襠部。（圖3-182）

【要領說明】此招在乙起左手掤接甲右腿之時，手臂不可僵硬，因為甲來腿的勁力較大，左手

圖3-180

圖3-181

圖3-182

只是起到領勁掤化的作用，不可硬接硬架。乙沉身下潛也是躲避甲鞭腿之力，以免與甲來力相遇。乙右手的撩擊要順勢而發，力達掌心。此式從防守到進攻要完整一氣，勁力要順達。

第十九式　雲　手

用法一　破連環拳右彈腿組合

（1）甲左腿在前，用右拳攻擊乙面部。（圖3-183）

（2）乙腰襠左轉，左手用正旋手法從內側掤接住甲右手來拳。（圖3-184）

（3）甲見右拳走空，急以左手連環拳和右彈腿同時攻擊乙的面部和襠部。（圖3-185）

（4）乙腰襠微右轉，右手正旋，從內側掤接甲左手拳的攻擊，同時，左手沉肘回捋掤按甲的右腿。（圖3-186）

（5）乙在化解了甲的左拳和右腿的攻擊後，左腿急進步至甲身體後側方，腰襠左轉，左手按擊甲胸部，右手按擊甲襠部，以腰襠的發力，將甲擊打摔出。（圖3-187）

【要領說明】此法的化解，主要是破解敵

圖3-183

圖3-184

圖3-185

圖3-186

圖3-187

連環拳加腿法的攻擊。在此招的運用中，要謹守左側的來拳和來腿。要用左側的手法破解，右側的來拳要以右手而化。這就像有些太極拳名家所說的，左手管左半邊身，右手管右半邊身。其實，在真正的實戰當中，情況瞬息萬變，不一定都要墨守陳規，要靈活地變通，方能達到虛虛實實、陰陽互濟的境界。在乙左轉運用雙掌按擊甲胸、襠部時，要手隨身發，協調一致。

用法二　破連環拳左蹬腿組合

（1）甲右腿在前，腰襠左轉，用右拳攻擊乙面部。
（圖3-188）

（2）乙腰襠左轉，用左手正旋手法從內側掤接住甲
右手來拳。（圖3-189）

（3）甲見右拳走空，急以左拳和左蹬腿同時攻擊乙
的面部和襠部。（圖3-190）

圖3-188

圖3-189

圖3-190

圖3-191

（4）乙右手以正旋手法從內側起手掤接甲左拳，同時，左手快速回防，掤擋甲左蹬腿的攻擊。（圖3-191）

（5）當甲左蹬腿被乙左手破解欲回落之時，乙右手快速接住甲左腳跟處，同時，左腿進步至甲右腿後側，腰襠左轉，用左臂及左

圖3-192

側肩部等靠擊甲身體，使甲失重而後倒。（圖3-192）

【要領說明】此招是破解敵連環拳和左側腿法的接腿靠摔之法。其關鍵之處就是右手在化解其左拳的攻擊時，要快速收手掤接甲的左腳後跟。乙在左腿別摔之時，左手要配合右手捋拿甲左腿，控制其腿法的轉換。對甲左腿的捋拿，可導致甲身體的轉換不靈和僵滯，從而達到發放甲的目的。

圖3-193　　　　　　　　圖3-194

第二十式　高探馬

用法一　破右鞭腿左抄腿右捋頸摔法

（1）甲乙各以格鬥姿勢面對。甲出右高鞭腿攻擊乙左側頭部。（圖3-193）

（2）乙腰襠左轉，右手在頭部左側預防甲右腿的攻擊，同時，左手從下方抄住甲右鞭腿。（圖3-194）

（3）乙左臂抄住甲右腿上抬，同時，右手正旋，向前砍擊甲頸部。（圖3-195）

（4）如右手砍擊無果，乙右手順勢抓住甲肩部或頭部，右腿向後撤步，腰襠右轉，左手向上掀抬甲右腿，同時，右手將甲順勢捋摔、拉拽而倒。（圖3-196）

【要領說明】此法的關鍵是乙右腿在撤步後退的同時，右手的拽拉要有鬆沉的牽引力。此力要沉穩有勁。

圖3-195　　　　　　　　圖3-196

用法二　破左蹬腿左抄腿右擠靠打法

（1）甲乙各以格鬥姿勢面對。甲用左蹬腿攻擊乙襠部。（圖3-197）

（2）乙腰襠右轉，左腿在前，左手反旋，從甲左腿外側勾住甲左蹬腿的腳後跟。（圖3-198）

（3）乙腰襠左轉，左手勾住甲左腳跟不變，右腿進

圖3-197　　　　　　　　圖3-198

圖3-199

圖3-200

步至甲右腿後側，右手螺旋外碾甲左肩；同時，以右肘擊打甲左側肋部，欲將甲螺旋摔出。（圖3-199）

（4）甲若腰襠右轉，化解乙右手掌力，乙順勢沉襠塌勁，腰襠右轉，右手螺旋外碾，並以右肩擠靠勁，使甲加大右轉的旋轉力，將甲摔向右後方向。（圖3-200）

【要領說明】此法是破解左蹬腿從邊門而進的靠、摔之法。乙右手在按擊甲左肩和肘打之時，右臂要節節貫穿，先以手螺旋發力，再依次用肘擊、肩靠。正所謂太極拳的節節貫穿，挨到何處何處擊。乙的右臂在完全走空的情況之下，腰襠右轉，再依次用右肘靠、擠和右手擠按甲上盤，使甲完全失控，從而達到戰勝甲的目的。

第二十一式　擦　腳

用法一　破右鞭腿右拳左抄腿右採踢襠法

（1）甲乙各以格鬥姿勢面對。甲運用右高鞭腿踢擊

圖3-201

圖3-202

乙左側頭部。（圖3-201）

　　（2）乙腰襠左轉，左腿向前微進步，右手擋住左側頭部，同時，左手在下抄起甲踢來的右腿。（圖3-202）

　　（3）甲見右腿被困，急出右拳擊打乙面部。乙見甲右拳到，腰襠右轉，右手以正旋手法掤接甲右拳。（圖3-203）

圖3-203

　　（4）乙腰襠左轉，右手採住甲右腕向右側擰轉，左手向上掀抬甲右腿，同時，右腿向上踢擊甲襠部。（圖3-204）

　　【要領說明】此招是破解右高鞭腿和右直拳的踢打法。在抄住甲右高鞭腿時，甲右拳攻到，抄甲右腿的左手不可

圖3-204　　　　　　　　　　圖3-205

放開。當甲右拳被採住後，腰襠要左轉，順勢出右腿踢擊甲襠部。

用法二　破右鞭腿左抄右捋截腿摔法

（1）甲乙各以格鬥姿勢面對。甲用右高鞭腿向乙方左側頭部踢擊。（圖3-205）

（2）乙腰襠左轉，左腿向前微進步，右手擋住左側頭部，左手在下抄起甲踢來的右腿。（圖3-206）

（3）乙腰襠左轉，右手以正旋手法出手抓住甲後衣領或勾住甲脖頸。（圖3-207）

（4）乙腰襠右轉，左手將甲右腿向乙右側掀抬，右手回拉，同時，右腿抬起，腳尖朝外，截擊甲左獨立腿的腳踝處，使甲向右前方蹌摔而出。（圖3-208）

【要領說明】此法的關鍵就是，乙右腿的截擊和右手的揪拉要同時進行，以達到上拉下踢的效果，使甲失重。但左手的掀腿也要配合一致，如此才能做到勁力的合一，

圖3-206

圖3-207

圖3-208

圖3-209

達到發人的良好效果。

用法三　破右鞭腿左抄右抓發蹬腹法

（1）甲乙各以格鬥姿勢面對。甲用右高鞭腿向乙方左側頭部踢擊。（圖3-209）

（2）乙腰襠左轉，左腿向前微進步，右手擋住左側

圖3-210

圖3-211

頭部，左手在下抄起甲踢來的右腿。（圖3-210）

（3）乙腰襠右轉，右手正旋抓住甲頭髮或衣領，同時，右腿以正踢腿法向甲襠部蹬擊。（圖3-211）

【要領說明】這是一招破解高鞭腿的蹬腹法。此法在運用中，掤接甲右手來拳，乙的右手揪拉乃至右腿的蹬擊都要做到一氣呵成。

用法四　破左蹬腿左撥右切喉勾踢碾摔法

（1）甲乙各以格鬥姿勢面對。甲用左蹬腿直擊乙小腹處。（圖3-212）

（2）乙腰襠右轉，左手掌心向下成勾手型，撥開甲左腿。（圖3-213）

（3）乙腰襠左轉，左手勾撥甲左腿向左引化，同時，右手用掌沿向甲咽喉處砍擊。（圖3-214）

（4）乙腰襠右轉，右手掤住甲下頜向前碾旋，同時，向右側甩臉，右腿配合掃踢和鈎掛，甲必翻摔向後無

圖3-212

圖3-213

圖3-214

圖3-215

疑。（圖3-215）

　　【要領說明】此招的用法是接腿向後摔。乙右手砍擊
後不要撤離，要搿住甲頭部向右側旋轉，以破壞甲身體的
平衡。右腿在下，以便控制甲下盤，勿令甲右腿移動。此
法在散打中會經常使用，望學者能熟練掌握。

用法五　破右高鞭腿右拳左抄右採踢面法

（1）甲乙各以格鬥姿勢面對。甲出右高鞭腿向乙左側面部踢擊。（圖3-216）

（2）乙腰襠左轉，右手在左側面部遮擋甲右鞭腿，同時，左手反旋，從甲右腿下抄住甲右腿。（圖3-217）

（3）甲右腿被抄，出右拳急攻乙面部；乙右手正旋，向前採住甲右腕。（圖3-218）

（4）乙腰襠右轉，右手採住甲右腕不變，左臂抄起甲右腿向右翻掀，使甲右腿落於其右臂之上，同時，右腿用彈腿向甲面部踢擊。（圖3-219）

【要領說明】乙雙手的接腿要左手在下，右手在上，雙手掌心都要朝外，如同虎口一樣。左臂抄住甲右腿向右側翻轉，使甲右腿落於其右臂之上成捯拿之勢。乙右腳直踢甲面門時要有爆發力。

圖3-216

圖3-217

圖3-218

圖3-219

第二十二式　轉身蹬腳

用法一　破右彈腿前掤反蹬法

（1）甲乙各以格鬥姿勢面對。甲用右彈腿向乙襠部攻擊。（圖3-220）

圖3-220

圖3-221　　　　　　　　　圖3-222

（2）乙腰襠微右轉，提左腿，用左小腿搠住甲右腿外側，使甲右彈腿走空。（圖3-221）

（3）乙腰襠繼續右轉，左腿搠住甲右腿向右側引化，同時，左腿向前蹬踹甲左支撐腿內側膝關節處，甲會受重創而倒。（圖3-222）

【要領說明】此法在散打中經常用到。只要對方起中下路腿法攻擊我時，我用腿撥開甲腿後，就可以直接攻擊其獨立腿，此招在使用中特別有效。在以腿撥腿中，不可太用力，如果用力太大，會反傷到自己的腿部，也會使自己下盤站立不穩。腿法在使用中要有螺旋搠化的勁力。左腿攻擊時，要保持重心的穩定，踹中帶踩。

用法二　破右蹬腿後搠反蹬法

（1）甲乙各以格鬥姿勢面對。甲用右蹬腿向乙襠部攻擊。（圖3-223）

（2）乙腰襠左轉，提左腿，從內側封擋住甲右腿的

圖3-223

圖3-224

攻擊，同時，左腿向左後側撥轉，引化甲的右蹬腿之力。（圖3-224）

（3）乙腰襠右轉，左腳前外旋，向前蹬擊甲左腿膝關節處。（圖3-225）

【要領說明】這是向後側挪化甲來腿的反擊方法。此法要控制左腿，破

圖3-225

中求進，一化即打。只要甲腿微向側移，左腿就可以擊打。在實戰中，左手也可以變拳向上崩擊甲面部。此式一氣呵成，連貫纏綿，出腿要果斷。

用法三　破右踢腿右拳截腿反蹬法

（1）甲乙各以格鬥姿勢面對。甲用右踢腿向乙方攻

圖3-226 圖3-227

擊。（圖3-226）

（2）乙腰襠左轉，提左腳截住甲踢來的右腳踝處。
（圖3-227）

（3）甲右腿被截，右腳落地後，急出右拳攻擊乙面
部。（圖3-228）

（4）乙截甲右腿的左腿不收，左手反旋，從外側挪住
甲右拳，左腿同時向甲落地的右膝處蹬擊。（圖3- 229）

【要領說明】此法是連環雙蹬腿法。就是在敵用腿踢
擊我時，我先用腿攔截住，再起腿向甲上部採取蹬踹之
法。此法在散打中，是破解腿法的常用招法。在運用時要
注意，在攔截敵踢腿時，身體要穩定；當再次踢腿踹擊時，
要有爆發力，兩次腿法的動作要連貫，不可搖晃或斷勁。

用法四　破右低鞭腿盤腿挪掛摔打

（1）甲乙各以格鬥姿勢面對。甲用右低鞭腿向乙左
腿踢擊。（圖3-230）

圖 3-228

圖 3-229

圖 3-230

圖 3-321

（2）乙見甲右鞭腿踢到，立即重心後移，左腿提起向右側盤腿順勢踢出，以盤腿方式（如踢雞毛毽狀）躲開甲右腿的踢擊。（圖3-231）

（3）當甲腿走空，乙立即放下小腿掤住甲腿，順勢向前補踢甲右腿，使甲右腿繼續向前走空，乃至失去平衡而摔倒，同時，乙左手向甲面部扇擊，以配合左腿的攻

擊。（圖3-232）

【要領說明】此法是破
解低鞭腿的反擊法。此法不
僅可運用摔法，也可以形成
打法。此法的關鍵是在甲腿
踢來時，前腿要盤腿躲過，
緊接著前腿掤住甲腿補踢，
使其繼續向前走空而失去平
衡。如果甲身體努力保持平
衡，乙前手拍擊甲面部並配
合腿法的分勁，使甲摔倒。

圖3-232

第二十三式　擊地捶

用法一　破右蹬腿左抄右拳擊膝法

（1）甲乙各以格鬥姿勢面對。甲出右腿向乙襠部蹬
擊。（圖3-233）

（2）乙腰襠左轉，左手變勾手，從甲右腿的外側抄
住甲的右腳後跟。（圖3- 234）

（3）乙腰襠右轉，左手抄住甲右腿向右上方引化。
（圖3-235）

（4）乙腰襠微左轉，左手勾住甲右腿至胸前時，左
手變外碾擠勁，正旋掤住甲右腿，同時，步法變為麒麟
步，右手變拳擊打甲左膝蓋骨。（圖3-236）

【要領說明】此法在左手抄住甲右蹬腿後，左手的抄
腿在高至與胸齊之時，左手要變正旋掤擠，步法要隨左手

圖3-233　　　　　　　　圖3-234

圖3-235　　　　　　　　圖3-236

的掤擠而改變。右拳擊打甲左膝蓋要準確，做到力隨腰發。

用法二　互抓纏破右膝左掤右摔法

（1）甲乙在散打中，雙手互抓揪拉，甲起右膝攻擊乙襠、腹部位。（圖3-237）

圖3-237

圖3-238

（2）乙腰襠右轉，左手以正旋收手，從甲右膝外側掤住甲的右膝攻勢。（圖3-238）

（3）乙腰襠左轉，左手掤住甲右膝向右側捋勁，同時，右手向前下塌外碾，將甲擠摔而出。（圖3-239）

【要領說明】此法是擊地捶的破膝打法。拳法的運用在於機動靈活，而不是一成不變的。此法用在摔法時，右手關鍵是螺旋勁，左手要控制對方膝部的攻擊。

第二十四式　二起腳

用法一　以手破腿二起腳反擊法

（1）甲乙各以格鬥姿勢面對。甲用右腿向乙中上路彈踢。（圖3-240）

（2）乙腰襠右轉，左手以反旋收手法，順勢從上端掤住甲右腿的攻擊。（圖3-241）

（3）乙腰襠左轉，左手反旋，向下外碾掤擠甲右腿

圖3-239

圖3-240

圖3-241

圖3-242

並外開，同時，左腿抬起，踢擊甲會陰及襠部。（圖3-242）

（4）乙左腿回收，身體借左腿回收之勢的反彈力順勢跳起，用右腿踢擊甲心口或下頜。（圖3-243）

【要領說明】此法是一招以手破腿的連環腿擊法。當乙左手化解甲的右腿攻擊後，左腿踢擊的成敗是導致第二

圖3-243

圖3-244

腿飛踢如何運用的關鍵。左腿如果踢中甲會陰或襠部，那麼，右腿的踢擊就會更加奏效。如果左腿踢擊失敗，就會出現多種情況，甲後退閃開、可能防守還擊等等。從諸多情況分析，雙腿的連環踢擊不僅要有力，還要快捷，踢擊的目標要準確，使對方無法防守，這是關鍵的關鍵。

用法二　以腿破腿二起腳反擊法

（1）甲乙各以格鬥姿勢面對。甲以右腿向乙心口踢擊。（圖3-244）

（2）乙腰襠右轉，左腿從甲右腿後側跟蹤向右側踢擊甲右腿，使其腿法偏離，失去控制。（圖3-245）

（3）乙乘隙而入，身體縱起，用右腿從甲右腿下進入，用力踢擊甲襠部。（圖3-246）

【要領說明】此法是以腿破腿的連環腿擊法。乙的左腿踢擊屬於攔截腿法，其勢要見招打招，順勢而動，為右腿的攻擊掃平道路。右腿踢擊面部或襠部，動作要迅猛，

圖3-245　　　　　　　　　圖3-246

身體要協調。

用法三　以膝破腿二起腳反擊法

（1）甲乙各以格鬥姿勢面對。甲用右鞭腿向乙左肋部踢擊。（圖3-247）

（2）乙左腿提膝，用左膝外側封擋住甲右鞭腿的攻

圖3-247

圖3-248

擊。（圖3-248）

（3）乙腰襠左轉，左膝隨身體左轉，引化甲右腿的踢擊力，同時借左轉之勢身體躍起，以右腿踢擊甲胸部。（圖3- 249）

【要領說明】此招為以膝破腿的反踢法。此式運用要快捷，左腿一防，右腿即攻。動作要連貫協調，出腿要有力。

用法四　截踢腿二起腳反擊打法

（1）甲乙各以格鬥姿勢面對。甲起右低鞭腿向乙下盤踢擊。（圖3-250）

（2）乙腰襠微左轉，提左腿，腳尖朝外，用左腳截擊住甲右腿。（圖3-251）

（3）乙左腿在攔截封住甲右腿攻擊的同時，身體跳起，借勢出右腿踢擊甲襠、腹部位。（圖3-252）

【要領說明】這是二起腳的截腿打法。左腿的截擊要

圖3-249

圖3-250

圖3-251

圖3-252

快，敵動我動，最好將敵腿封鎖在其剛欲出腿的瞬間。左
腳的截擊，力點要在腳側沿。當左腳與敵右腿的踢擊力量
相撞時，自身的重心要穩固，甲的右腿力量要由乙左腿傳
輸到右獨立腿。乙右腿的飛起踢擊要協調連貫，彈跳要
高，擊打點要準確，出腿要乾淨俐索。

圖3-253

第二十五式　護心拳

用法一　破左拳右腿的反擊法

（1）甲乙各以格鬥姿勢面對。甲左腿在前，用左拳向乙心口攻擊。（圖3-253）

（2）乙右腿上前，腰襠左轉，右手反旋，掤接收捋甲左拳。（圖3-254）

（3）甲左拳攻擊未果，急出右彈腿繼續攻擊乙襠部。（圖3-255）

（4）乙腰襠右轉，左手反旋收手，掤接封壓甲右彈腿。（圖3-256）

（5）乙腰襠左轉，左手反纏外開引化甲右腿，左腿進步插入甲襠前，右手掤旋甲左臂，反旋外碾而進，直擊甲心口。（圖3-257）

【要領說明】此式是化解敵左拳和右彈腿組合打法的

圖3-254　　　　　　　　圖3-255

圖3-256　　　　　　　　圖3-257

反擊之招。從此招破解和反擊的方法來看，我們不難體會
到這樣的一個基本規律，即在實戰中，不管是拳法還是腿
法的攻擊，都離不開基本的破解方法，只要掌握了此中的
奧妙，任憑是怎樣的組合拳腳，都會遊刃有餘，從而達到
「我順人背」的懂勁階段。此招在右拳擊打時，右手要螺
旋外碾，發力在腰胯，力達腳跟。

圖3-258

用法二 破左彈腿右拳肩靠法

（1）甲乙各以格鬥姿勢面對。甲用左彈腿向甲襠部踢擊。（圖3-258）

（2）乙腰襠左轉，右手反旋，掤接封壓甲的左腿外碾引化。（圖3-259）

（3）甲左腿被化，急出右拳進攻乙面部或心口。（圖3-260）

（4）乙腰襠右轉，沉襠塌勁，左手掤壓甲右手來拳。（圖3-261）

（5）乙腰襠左轉，左手反纏甲手，左腿微進步至甲襠前，用右肩猛力撞擊甲胸口。（圖3-262）

【要領說明】此法是用反旋手法化解敵腿法、拳法攻擊的時候，導致甲中門大開，乙乘虛而入，利用手上的掤法，使敵無法回防，再以肩靠之法擊打對手，使敵受到重創。練習此法需要注意的是，當乙右手封壓掤接敵彈腿的

圖3-259　　　　　　　　　圖3-260

圖3-261　　　　　　　　　圖3-262

時候不可以硬接，在掤接的剎那，要求一掤即走，也就是說一掤即化，引中外碾、粘走相生。

第二十六式　旋風腳

用法一　破右蹬腿旋風腳捯打法

（1）甲乙各以格鬥姿勢面對。甲用右腿蹬擊乙襠部。

圖3-263　　　　　　　　　圖3-264

（圖3-263）

（2）乙腰襠左轉，右腿進步，同時，用右手從甲右腿的內側下方抄住甲右腳跟。（圖3-264）

（3）甲見右腿被乙右手勾住，急出右拳向乙面部擊打。（圖3-265）

（4）乙腰襠右轉，左手正旋，掤接住甲右手直拳，左腿用旋風腳從甲右腿上方擺過，配合右手挒打甲右膝關節，接著身體旋轉360°，左手順勢後撩，拍擊甲襠部。（圖3-266）

【要領說明】這是破解腿法和拳法組合的旋風腳打法。此招不僅可破解腿法的反擊，也可以破拳、腿的組合。在破組合打法時，左旋風腳要避開上肢，以免妨礙腿法攻擊的效果。當腿法落地後，臀部要下塌，使甲右腿的膝關節成反關節之勢，此時左手順勢旋轉，拍擊甲襠部。整個動作一氣呵成，協調一致，勁力要順達。

圖3-265

圖3-266

圖3-267

圖3-268

用法二　破左高鞭腿旋風腳打法

（1）甲乙各以格鬥姿勢面對。甲用左高鞭腿踢擊乙右側頭部。（圖3-267）

（2）乙右腿在前，腰襠微右轉，左手擋在右側臉前，以防甲腿擊打，同時，右手從甲左腿下反旋抄接住甲左腿。（圖3-268）

（3）乙腰襠左轉，右手抄住甲左腿上抬，左腿向前踢擊甲右腳的腳踝，同時，左手拍擊甲後腦，連打帶摔，使甲上下難防。（圖3-269）

圖3-269

【要領說明】這是一式上打下絆的招法。此法屬於旋風腳攻擊下盤的使用法，它不僅可以絆摔對方，也可用低鞭腿掃踢對手，而左手的合擊也可因情況而定，可拍擊、可抓捋等等。

需要記住的是，當我右手抄住對方的左腿後，腰襠右轉，可用左臂撞擊對方的膝關節，使其左腿受重創，然後可再接打法或摔法。此法運用要靈活，不可死搬硬套。

第二十七式　小擒打

用法一　破左鞭腿肘擊法

（1）甲乙各以格鬥姿勢面對。甲使用左鞭腿踢擊乙右側中盤。（圖3-270）

（2）乙腰襠右轉，右手正旋，從甲左腿上纏抱甲左腿，同時，左手掌迎擊甲左膝關節處，以阻擋甲左腿勁力。（圖3-271）

（3）乙腰襠加大右轉，左腿上步至甲襠前，左手掌掤住甲左膝關節不變，同時，左肘隨身體的右轉擊打甲心

圖3-270

圖3-271

圖3-272

圖3-273

口。（圖3-272）

（4）乙腰襠左轉，在甲被左肘擊打後退之時，鬆開抱甲左腿的右手，同時，右臂鬆肩沉肘，以腰胯發力，快速用右肘橫擊甲左肋部位。（圖3-273）

【要領說明】這是一招破解左中路鞭腿的連環肘擊法，在實戰散手中會經常用到。此招在運用肘法攻擊時，假若

圖3-274　　　　　　　　　圖3-275

遇到技術較好的對手，可能會出拳反擊。如甲出左拳反擊，乙右手掤化後，肘法照常進攻，這就是武術中常說的「見招拆招」。不管對方如何應對或反擊，其理法不變。

用法二　破右蹬腿擊襠法

（1）甲乙各以格鬥姿勢面對。甲運用右蹬腿攻擊乙襠部。（圖3-274）

（2）乙腰襠微右轉，左手在下，右手在上，鎖抱住甲右腿。（圖3-275）

（3）乙雙手抱住甲右腿，左腿進前一步，腰襠右轉，右腿微後撤以引化甲右腿，使甲前仆，同時，運用左臂捌壓甲右膝關節處。（圖3-276）

（4）如果甲此時沒有被擊倒，可能右腿用力回收。乙借勢左手正旋，掤化甲右腿，腰襠下塌左轉，右手按擊甲襠部。（圖3-277）

【要領說明】這是一招雙手抱腿轉化為掤法的擊襠法。

圖3-276　　　　　　　　　圖3-277

此法若運用得法，進步抱腿肩靠，就會使甲摔倒。假設乙沒來得及施展，甲又反應極快，乙便可以借勢掤化，右手直擊甲襠部。此法假設甲右腿向下用力，甲出手法攻擊乙上盤，乙動作運用快速的話，在甲未來得及施展時就會被乙摔出；乙若反應遲鈍的話，可放棄抱腿，左手掤化其來拳，右手按擊甲腹部。武術的每一招式都有虛實，招法的靈活與否，只是看個人的功力和運用罷了。

第二十八式　抱頭推山

用法一　掤架左高鞭腿雙按掌

（1）甲乙各以格鬥姿勢面對。甲出左高鞭腿踢擊乙右側頭部。（圖3-278）

（2）乙腰襠右轉，右腿步法不變，右手正旋，掤接住甲左腿的攻擊。（圖3-279）

（3）乙腰襠左轉，雙手螺旋翻掌按擊甲胸、腹部位，

圖3-278

圖3-279

圖3-280

同時，塌襠發勁。（圖3-280）

【要領說明】此法破解較簡單，雙手的按法要分出明勁和暗勁。左右兩手的勁力也要把握，或雙手力道相同；或左手勁力較大；或右手的勁力較大。

在實戰中，一定要把握住勁力的恰到好處，也就是說，手法也要有虛實、陰陽。

用法二　破彈腿雙封按雙推掌

（1）甲乙各以格鬥姿勢面對。甲運用右彈腿攻擊乙襠、腹部位。（圖3-281）

（2）乙腰襠微右轉，閃避甲右腿的攻擊，同時，雙手反旋，鬆肩沉肘，運用雙掌按擊甲右腳面。（圖3-282）

（3）乙腰襠左轉，右腿向前邁進一步至甲襠前，同時，雙掌外旋，向前按擊甲胸部。（圖3-283）

【要領說明】乙在破解甲彈腿後要快速出擊，動作要一破即走，連貫一致。攻擊時要有爆發力，發力時要做到後塌前發。

圖3-281

圖3-282

圖3-283

圖3-284　　　　　　　　圖3-285

第二十九式　野馬分鬃

用法一　抄右腿進步斜身靠

（1）甲乙各以格鬥姿勢面對。甲用右蹬腿向乙襠部攻擊。（圖3-284）

（2）乙腰襠左轉，用右手抄起甲右腿。（圖3-285）

（3）乙腰襠右轉，右手抄住甲右腿向右側方向引化，同時，左腿進步至甲後側。甲右腿被制，急出右拳擊打乙面部；乙順勢起左手正旋掤架甲右臂。（圖3-286）

（4）乙左手領勁向前掤擠，同時，運用左肩靠擊甲右肋部。（圖3-287）

【要領說明】這是一招抄腿進步肩靠的打法。在此法的運用中，右手沒有像練拳架那樣高於頭上，但此勁力的運用就是如此。各式的手法都這樣，不管是上盤、中盤、下盤，只要勁力方法相同，就可走出攻擊各路的使法。此

圖3-286

圖3-287

法在運用肩靠之時，一定要保持身體重心的平衡。

用法二　破劈掛腿進步肩靠

（1）甲乙各以格鬥姿勢面對。甲右腿擺起，運用下落之勢的劈掛腿法擊打乙頭部。（圖3-288）

（2）乙在甲劈腿下落之時，左腿快速上步，貼近甲

圖3-288

圖3-289

圖3-290

身，雙手成十字反架掤住甲右腿，使其右腿的勁力無法下劈。（圖3-289）

（3）乙腰襠左轉，右手掤架甲右腿不變，左手向左側外旋掤擠，借助身體左旋之勢，以右肩靠擊甲右腿下側部位，使甲失去平衡而摔倒。（圖3-290）

【要領說明】這是一招破解劈掛腿法的有效靠法。劈掛腿在實戰中，往往是身體高大、腿功較好的選手使用，其來勢兇猛，起腿之時而難以靠近，可以起到防中有攻的效果。在使用此法之時，當敵的腿法始動擺起之時，我便立即進步，在敵右腿未能劈下之時，靠近其身體，就能占盡主動，化解此腿法。

第三十式　退步雙震腳

用法一　破右側踹抱腿下截法

（1）甲乙各以格鬥姿勢面對。甲使用右側踹腿攻擊

圖3-291

圖3-292

圖3-293

乙上盤。（圖3-291）

　　（2）乙腰襠左轉，左腿從甲右腿外側閃身進步，左手反旋，右手正旋，雙手交叉抱住甲右腿。（圖3-292）

　　（3）乙腰襠右轉，雙手抱住甲右腿，左腿插進到甲左腿前側，同時，用左肩靠擊甲右大腿根處，使甲摔出。（圖3-293）

　　【要領說明】這是防守側踹抱腿的截腿法。乙在抱腿

圖3-294　　　　　　　　圖3-295

時，盡力避開甲右腿的鋒芒。此式還可運用截腿，同時擊打甲的左內側膝關節，但攻擊的力點要準確，速度要快捷，擊打要有力。

用法二　破右蹬腿捋臂膝攻法

（1）甲乙各以格鬥姿勢面對。甲出右蹬腿攻擊乙胸部。（圖3-294）

（2）乙腰襠左轉，左手反旋，從甲右腿上反抄甲右腿。（圖3-295）

（3）甲右腿被抄，急出右拳攻擊乙面門，以解右腿之圍。（圖3-296）

（4）乙腰襠微右轉，右手正旋，掤接甲右手腕向右側採捋，同時，左手反旋，將甲右腿向上掀起，右腿乘勢提膝，攻擊甲胸、腹部。（圖3-297）

【要領說明】乙在化解甲的右蹬腿時，左手反旋從甲右腿內側抄起，在前碾外旋的同時，左手要螺旋轉換，由

圖3-296　　　　　　　　　圖3-297

俯掌變仰掌抄住甲右腿。乙在掤接甲右拳時，隨腰襠右轉將甲右臂向右後方採捋，同時，在甲身體前傾之時，右腿提膝猛攻甲心口或襠部。

第三十一式　玉女穿梭

用法一　破右鞭腿摔纏抱腿別摔

（1）甲乙各以格鬥姿勢面對。甲出右高鞭腿踢擊乙左側頭部。（圖3-298）

（2）乙腰襠左轉，右腿向前，同時，右手反旋收肘，用右前臂內側掤架甲右鞭腿的攻擊。（圖

圖3-298

圖3-299　　　　　　　　　　圖3-300

3-299）

（3）乙身體右轉，左手反旋，從上側纏抱住甲右腿，同時，左腿進步向前絆住甲左腿。（圖3-300）

（4）乙腰襠加大右轉，右腿倒插步，雙手抱住甲右腿右轉擰身甩臉，將甲別摔而倒。（圖3-301）

【要領說明】此法是運用雙臂抱住甲右腿的別腿摔法。乙右臂在掤架甲右高鞭腿之時，右手握拳要螺旋領勁，此法要求做到甲的右腿力量能被乙的螺旋旋轉而化解。當乙雙臂抱住甲右腿後，一定要控制住甲右腿，儘量不使其腿轉動，否則乙摔甲的別腿會失控，無法達到效果。

用法二　破左鞭腿左手鎖喉別摔

（1）甲乙各以格鬥姿勢面對。甲起左鞭腿踢擊乙右側頭部。（圖3-302）

（2）乙腰襠右轉，右手正旋，纏掤住甲左鞭腿的攻擊。（圖3-303）

圖3-301　　　　　　　　　　圖3-302

圖3-303　　　　　　　　　　圖3-304

（3）乙腰襠微塌，右手正纏鎖住甲左腿，左腿進步至甲右腿後側，同時，左手鎖住甲咽喉，腰襠右轉，將甲摔跌於地。（圖3-304）

【要領說明】這是一招單臂抱腿的鎖喉摔打法。此法要做到上鎖下摔，達到上下齊攻的效果，使甲防不勝防。在實戰中，如果由於對手身體高大而無法摔倒，乙可以利用左肘的靠擊，配合身體旋轉的方法，使對手失去重心而被擊倒。

第三十二式　擺蓮腳

用法一　破右蹬腿轉身擺擊法

（1）甲乙各以格鬥姿勢面對。甲用右蹬腿攻擊乙小腹。（圖3-305）

（2）乙腰襠左轉，右手從內側由上至下勾住甲右腳跟。（圖3-306）

（3）乙右手抄住甲右腿向右方引化，右腿轉胯向甲上盤擺擊，同時，撥引甲右腿的右手在引化後丟棄甲右腿，趁機向上拍擊甲面部或左太陽穴，與右擺蓮腳形成合擊之勢。（圖3-307）

圖3-305

圖3-306

圖3-307

【要領說明】這是一招快捷、簡單的以勾腿破解對方腿法攻擊後，再運用外擺蓮腳擊打的方法。此法在乙接腿後，右手從腹前向右撥引甲右腿，乙的右擺蓮腳放過甲右腿後，乘機擺出。右手的拍擊要與右腿的擺腳形成合擊之勢。擊打要有力，位置要準確，襠胯要走圓。

用法二　破掛踢盤腿接擺蓮腳

（1）甲進右步出左拳，攻擊乙面部。乙腰襠右轉，右腿進步，右手正旋，從內側採住甲左手來拳。（圖3–308）

（2）甲見左手被採，急用左腿掛踢乙右前腿，欲運用勾掛腿法踢翻乙。（圖3–309）

（3）乙見甲左腿踢到，順勢右腿盤腿，使甲左腿走空。（圖3–310）

（4）乙腰襠左轉，右手沉肩向右後採引甲左臂，同時，順勢出右擺蓮腳向前擊打甲面部。（圖3–311）

圖3-308

圖3-309

圖3-310

圖3-311

【要領說明】這是一招破解對方以勾掛腿來摔打的反擊方法。乙的右腿要用盤腿來躲開甲的左腿攻擊，這種盤腿踢法要在平日裏多加練習，才能在實戰當中抓住時機。這種腿法練習猶如踢毽一樣，久之，盤踢之功就可上身。盤腿後的外擺腿法難度較大，基本功不好，則達不到殺傷的效果，這就要求我們多練習一些連環腿法的基本功夫，以達到出腿快速有力的效果。

第三十三式　跌　岔

用法一　破右鞭腿右拳跌岔摔打法

（1）甲乙各以格鬥姿勢面對。甲出右鞭腿攻擊乙左側頭部。（圖3-312）

（2）乙腰襠左轉，右手擋住左臉，左手掌心向上抄住甲右腿。（圖3-313）

（3）甲右腿被抄，急速出右拳攻擊乙面部，以解右

圖3-312

圖3-313

圖3-314

圖3-315

腿之圍。（圖3-314）

　　（4）乙右手向上採住甲右拳向右後方採挒，同時，右腿下蹲，左腿蹬擊甲左腿腳踝處，左手翻抬甲右腿，配合右手採挒，使甲向乙右後翻跌。（圖3-315）

　　【要領說明】此法是抄住甲左腿後，利用右手的採挒和左腿蹬截來摔打甲的方法。這個動作要求我們在練習時，務必做到抄腿、接拳、截踢協調一致，勁力要順達。

圖3-316　　　　　　　　　　圖3-317

用法二　破採右手膝頂跌岔摔打法

（1）甲雙手採扨乙右臂，同時，抬右膝攻擊乙腹部。（圖3-316）

（2）乙穩定重心，左臂鬆肩沉肘，用左肘擋住甲右膝的攻擊。（圖3-317）

（3）乙右手正旋，反採住甲右腕，同時，左腿提膝，左腳尖外展，以左腳外沿捆住甲提膝的右小腿處。（圖3-318）

（4）乙右手採住甲右腕向右後方向採扨，左腳捆住甲右腳順勢向前蹬捆，配合右採扨，使甲失去重心，同時，左手變拳外旋，向前擊打甲右肋。（圖3-319）

【要領說明】這是一招破解膝法攻擊的跌岔打法。在此招中，主要講解了在被動情況下的反擊手法。當然，此法也可以運用在主動情況下的連環攻擊。此法的要訣，關鍵在於右手的反採、左肘化解甲右膝，以及乙左腿捆住甲

圖3-318　　　　　　　　圖3-319

的右腳踝來借勢打勢。此招左腿的掤法是重中之重，所以要求我們在日常的訓練中多下苦功，仔細揣摩，以達到粘黏連隨的技擊效果。

第三十四式　金雞獨立

用法一　破連環拳提膝格擋鞭腿法

（1）甲乙各以格鬥姿勢面對。甲進右步，用左拳攻擊乙面部。（圖3-320）

（2）乙右腿在前，右手正旋，向上螺旋掤化甲左手拳。（圖3-321）

（3）甲左拳走空後，立即出右拳攻擊乙腹部。乙微含胸，用左手向下掤按甲

圖3-320

圖3-321

圖3-322

圖3-323

圖3-324

右手來力。（圖3-322）

（4）甲左右連環拳被乙化解，甲順勢出左中路鞭腿攻擊乙右側肋部。（圖3-323）

（5）乙見甲左腿攻到，由於雙手來不及回防，立即收提右腿，阻擋甲左腿的攻擊，同時，腰襠微左轉，順勢以右膝向前撞擊甲腹部。（圖3-324）

【要領說明】這是破解連環拳後，利用膝法來格擋甲左路鞭腿攻擊的以膝破膝的反擊方法。在瞬息萬變、快如閃電的散打中，有時可以利用提膝防守中、下路的拳腿攻擊，這是很有必要的。在提膝防守時，左腿要站穩，不可搖晃，同時，右腿的提膝不僅僅只是防守，還要有反擊的意念，隨時準備反擊，這才算是做到了防中有攻、攻中有防，真正懂得了陰陽的轉換。

用法二　破連環拳加膝組合反擊法

（1）甲乙各以格鬥姿勢面對。甲左腿進步，用左拳攻擊乙面部。（圖3–325）

（2）乙腰襠微右轉，右手正旋，從甲左手內側下方掤架甲左手來拳。（圖3–326）

（3）甲左拳落空，急用右膝攻擊乙襠、腹部位。乙腰襠左轉，以左手向下按擊甲右膝，阻擋其攻勢。（圖3–327）

圖3–325

圖3–326

圖3-327

圖3-328

（4）乙右手上旋掤托甲下頜，與左手的按膝形成上下的分勁，同時，可提右膝反擊甲襠部。（圖3-328）

【要領說明】這是一招破解拳膝組合的反擊方法。在右手上旋時，可運用鎖喉法和擊打下頜之法，但要與左手的按膝之勁形成對拉力，雙臂的勁力要順達。此式要做到防中有攻，不僅是右膝的反攻，同時，在右腳下落時，要利用震腳踩擊甲左腳面。

第三十五式　順鸞肘

用法一　破右蹬腿踩正門肘打法

（1）甲乙各以格鬥姿勢面對。甲用右蹬腿攻擊乙襠、腹部。（圖3-329）

（2）乙腰襠左轉，右手順勢勾住甲右腳跟。（圖3-330）

（3）乙腰襠繼續左轉，右手勾住甲右腿向左側引

圖3-329　　　　　　　　圖3-330

圖3-331　　　　　　　　圖3-332

化，左手順勢接換右手，勾住甲右腳跟，同時，右腿進步插至甲襠前。（圖3-331）

（4）乙左手不變，腰襠右轉，右臂屈肘隨腰襠右轉，沉襠塌勁，借勢撞擊甲心口。（圖3-332）

【要領說明】這是破解右蹬腿的肘法反擊。此法在實戰中，還可以直接進步出肘，也可以不換手接腿，也就是

說，右手一破就進步出肘。整個動作要協調一致，勁力要順達，發力要速猛。

用法二　破左蹬腿走邊門肘打法

（1）甲乙各以格鬥姿勢面對。甲用左蹬腿攻擊乙襠、腹部。（圖3-333）

（2）乙腰襠右轉，右手從外側勾掛住甲左腳跟。（圖3-334）

（3）乙腰襠右轉，沉襠塌勁，右腿進步至甲左後側，右手放開甲左腿，右臂屈肘，直擊甲左側肋部。（圖3-335）

【要領說明】這是一式破解左蹬腿一破即打的招

圖3-333

圖3-334

圖3-335

法。此法的防守或反擊，招式簡捷而清晰，但在實際運用中，有一個至關重要的問題要注意，就是右手在勾掛引化甲左腿時不要過早地放開，一定要等右腿進步後、腰襠右轉之時，否則，甲身體就會脫離，擊打速度若稍慢，往往就會落空。

第三十六式　猿猴獻果

用法一　破右彈腿左採上擊加肘擠

（1）甲乙各以格鬥姿勢面對。甲用右彈腿攻擊乙襠、腹部位。（圖3-336）

（2）乙腰襠微左轉，以左手掌挪化甲右腳來勢，同時，右腿快速進步至甲襠前，用右勾拳向上擊打甲下頜。（圖3-337）

（3）甲重心後移，身體後仰，用左手挪化乙右勾拳。（圖3-338）

圖3-336

圖3-337

圖3-338

圖3-339

（4）乙腰襠微右轉，沉襠塌勁，右拳內旋，右臂屈肘，順勢向前沉肘擊打甲心口。（圖3-339）

【要領說明】此式需要注意兩點。

第一，乙左手在掤化甲右彈腿之時，不要有拍擊的感覺，左手在觸碰到甲右腳面的瞬間，要鬆肩沉肘隨化來勢，這種手感與用手拍皮球的感覺相同。

第二，當乙右勾拳走空之後，右手內旋，沉襠塌勁，前臂掤旋甲左手，右肘塌發，運用腰襠的勁力撞擊甲心口。整個動作要連貫協調，勁力順達完整，做到一氣呵成。

用法二　破左蹬腿左捋上擊變靠摔

（1）甲乙各以格鬥姿勢面對。甲用左蹬腿攻擊乙小腹部位。（圖3-340）

（2）乙腰襠右轉，左手從上至下從外側勾掛住甲左腳後跟。（圖3-341）

圖3-340　　　　　　　　　圖3-341

圖3-342　　　　　　　　　圖3-343

（3）乙腰襠左轉，左手向左側捋化甲左腿，同時，右腿快速進步至甲後側，運用右勾拳，擊打甲左側肋部。（圖3-342）

（4）甲見乙右拳到，腰襠左轉，用左手化解乙的右勾拳。（圖3-343）

（5）乙勾拳被化，腰襠微右轉，右拳順勢內旋變擠

圖3-344　　　　　　　　圖3-345

靠，同時，沉襠塌勁，將甲摔出。（圖3-344）

【要領說明】這是一式破解左蹬腿後的擊肋變靠摔的招法。乙的勾拳擊肋遇到甲的左手封壓後，右手順勢變成擠靠之勢。整個動作要連貫協調，勁力要順達。

第三十七式　上步騎鯨

用法　破右蹬腿右掤左擠進步靠摔

（1）甲乙各以格鬥姿勢面對。甲用右蹬腿攻擊乙襠、腹部。（圖3-345）

（2）乙腰襠微左轉，用右手從內側勾掛甲右蹬腿的腳後跟。（圖3-346）

（3）乙右手上抬甲右腿，左手插進甲右腿下，以雙臂之力掀抬甲右腿，同時，右腿進步，使甲失去平衡而仰跌。（圖3-347）

【要領說明】此法是破解甲右蹬腿的雙手掤法。乙利

圖3-346　　　　　　　　　圖3-347

用雙臂之力，抬高甲右腿，同時配合右腿的絆別使甲摔出
的反擊方法。乙雙手的掀抬要有螺旋的掤力，右腿的進步
絆摔要與雙手相配合。

第三十八式　退步跨虎

用法一　破右鞭腿插步轉身反夾頭摔

（1）甲乙各以格
鬥姿勢面對。甲以右高
鞭腿擊打乙左側頭部。
（圖3-348）

（2）乙腰襠左
轉，用右手擋住左側頭
部，左手反旋，從甲右
腿下掤接住甲右腿。
（圖3-349）

圖3-348

圖3-349

圖3-350

（3）乙腰襠加大左轉，左手纏住甲右腿不放，右腿前插甲襠內，同時，右手從甲右腿上反抱住甲右腿，用右側身體捯甲右膝反關節。（圖3-350）

（4）乙腰襠右轉，右臂順勢反夾住甲頭部向右後捋摔，左手纏住甲右腿向左側走，分勁掀抬甲右腿，使甲向右側翻跌而倒。（圖3-351）

圖3-351

【要領說明】此法在接住甲右鞭腿之時，右手配合抱纏，同時，右腿倒插，腰襠左轉，從右腋下纏捯甲右腿，使其仰跌。如果甲腰襠右轉，化解乙的摔勢，乙右手順勢反夾住甲頭部，腰襠右轉，順勢將甲摔出。此法的勁力有兩次轉換，襠勁轉換要圓活，勁力要順達。在實戰中，反

夾脖的右臂可直接變為打法，擊打甲的後腦及頸部。

用法二　破左蹬腿插步轉身切喉靠摔

（1）甲乙各以格鬥姿勢面對。甲以左蹬腿攻擊乙襠、腹部。（圖3–352）

（2）乙腰襠微右轉，左手從內側抄住甲左腳跟。（圖3–353）

圖3–352

圖3–353

圖3-354　　　　　　　　圖3-355

（3）乙腰襠左轉，左手勾住甲左腳向左側領勁，右腿插至甲右腿後側，腰襠右轉，右手隨襠勁右轉砍擊甲咽喉。（圖3-354）

（4）乙右臂外碾下塌變擠按，配合右腿絆摔，使甲後跌而倒。（圖3-355）

【要領說明】此法是從內側接腿的砍喉轉身靠摔動作。乙的右手在砍擊甲咽喉和轉身靠摔時，動作要一氣呵成，連貫協調，勁力順達。

第三十九式　當門炮

用法一　破左蹬腿右掤進步左擠靠

（1）甲乙各以格鬥姿勢面對。甲用左蹬腿向乙腹部攻擊。（圖3-356）

（2）乙腰襠微右轉，閃開甲的左腿攻擊，同時，用右手抄住甲左腿的腳後跟。（圖3-357）

圖3-356

圖3-357

（3）乙右手勾住甲左
腳跟向右後方採引，左腿進
步至甲襠內或右腿後側，同
時，腰襠左轉，運用左臂靠
擊甲胸部。（圖3-358）

【要領說明】此法是運
用右手勾接甲的左蹬腿而採
用從內側的擠靠打法。乙可
以在擠靠時，利用左肘攻擊
甲胸口部位。乙的發力要借

圖3-358

助腰襠的轉換，動作要連貫協調，勁力要順達，發力要猛
烈。

用法二　破右蹬腿右掤進步肘靠法

（1）甲乙各以格鬥姿勢面對。甲用右蹬腿向乙腹部
攻擊。（圖3-359）

圖3-359

圖3-360

（2）乙腰襠左轉，用右手從甲右腿內側接住甲右蹬腿。（圖3-360）

（3）乙右手勾住甲右腿向右側引化，同時，左腿進步至甲身體後側，用左臂擠靠甲右側胸部。（圖3-361）

【要領說明】此法是破解右蹬腿外側的接腿打法。動作要求腰襠轉換要圓活，勁力順達，要有爆發力。左臂在擠靠時，不僅要有上旋的掤勁，還要有碾、擠的勁力。

第四十式　搬攔捶

用法一　破右彈腿雙攔肘進步靠打

（1）甲乙各以格鬥姿勢面對。甲用右彈腿攻擊乙襠部。（圖3-362）

（2）乙腰襠右轉，左腿向左前上步，同時用雙臂掤壓甲右彈腿的攻擊。（圖3-363）

（3）乙腰襠左轉，雙手隨身體的左轉，左拳擺擊甲

圖3-361

圖3-362

圖3-363

圖3-364

面部，右拳擊打甲腹部。（圖3-364）

　　【要領說明】此法是走邊門，運用雙臂攔截甲右彈腿的反擊法。通常用雙臂攔截對方的腿法，是因為對方的攻擊力很強，所以多運用雙手攔截格擋。乙左腿進步時，要與雙臂格擋同時進行。雙拳擺擊，要隨腰襠的左轉而發，襠勁要圓，要有彈抖勁。

用法二　破左鞭腿雙攔肘進步靠打

（1）甲乙各以格鬥姿勢面對。甲用左鞭腿攻擊乙右側頭部。（圖3-365）

（2）乙腰襠右轉，雙臂屈肘，以兩前臂外側攔截甲左鞭腿，同時，左腿進步至甲襠內。（圖3-366）

（3）乙腰襠左轉，先運用左肩靠擊甲胸部，同時，雙拳隨身體的左轉擺擊甲體後，左拳擊打甲後腦，右拳擊打甲命門穴。（圖3-367）

【要領說明】此法是踏正門破解鞭腿的反擊法。乙在進步後，要先以肩靠法擊打甲，雙手的擺

圖3-365

圖3-366

圖3-367

擊要同時而發。左手大多擊打甲後腦風府穴，右手攻甲命門穴。擊打的時候腰襠轉換要圓，要有爆發力。

第四十一式　連環炮

用法一　破右彈腿右採左崩連環右按

（1）甲乙各以格鬥姿勢面對。甲用右彈腿攻擊乙襠部。（圖3-368）

（2）乙腰襠左轉，右手反旋，向下挪按甲右腿。（圖3-369）

（3）乙腰襠右轉，左腿向左前上步，同時，左拳反旋擊打甲面部。（圖3-370）

圖3-368

圖3-369

圖3-370

（4）乙腰襠加大左
轉，右手變掌，快速按擊甲
心口或砍擊甲咽喉。（圖
3-371）

圖3-371

【要領說明】這是防守
右彈腿走偏門的連環反擊方
法。乙左腿的進步與左拳的
攻擊要同時，右手的按擊也
要快速，與左拳的擊打要連
貫。此招式不僅動作要快
捷，同時還要有爆發力。

用法二　破左彈腿右採左崩進步右按

（1）甲乙各以格鬥姿勢面對。甲用左彈腿攻擊乙襠
部。（圖3-372）

（2）乙腰襠右轉，右手由上至下掤按甲左彈腿。
（圖3-373）

（3）乙腰襠左轉，左腿進步至甲襠前，同時，左拳
反旋領勁，快速攻擊甲面部。（圖3-374）

（4）乙腰襠加大左轉，右腿勾掛回帶甲落地未穩的
左腿，同時，右掌快速按擊甲胸口部位。（圖3-375）

【要領說明】此法是破解甲左彈腿的連環反擊之法。
它不僅運用了拳掌的連環擊打，同時，在右掌擊打甲胸部
之時，又配合了右腿勾掃，導致甲失去重心。此法出手要
快速有力，防守要沉穩不亂，勾掛的右腳不要脫離地面。

圖3-372

圖3-373

圖3-374

圖3-375

第四十二式　右轉身靠

用法一　破右高鞭腿沉襠右轉肘靠摔

（1）甲乙各以格鬥姿勢面對。甲用右高鞭腿攻擊乙左側頭部。（圖3-376）

圖3-376　　　　　　　　圖3-377

圖3-378　　　　　　　　圖3-379

（2）乙腰襠左轉，右手掌擋住左側頭部，同時，左手從甲右腿下抄住甲右腿。（圖3-377）

（3）乙腰襠加大左轉，右腿插進甲襠內，同時，右臂屈肘向前靠擊甲右肋。（圖3-378）

（4）乙腰襠微右轉，右手領勁向前，右臂走前塌外碾的勁力，同時，沉襠塌勁，將甲擠靠而出。（圖3-379）

【要領說明】此法是接住甲右鞭腿時踏中門，先運用了肘擊，然後再使用擠靠的打法將甲發放。此法在接腿、進步出肘，以及下塌外碾的擠靠，都要做到一氣呵成，連貫協調，發力要猛。

用法二　破左蹬腿右轉身別腿肘靠摔

（1）甲乙各以格鬥姿勢面對。甲用左蹬腿攻擊乙腹部。（圖3-380）

（2）乙腰襠右轉，用左勾手從甲左腿外側抄住甲左腳跟。（圖3-381）

（3）乙腰襠左轉，右腿進步至甲身後，同時，右臂變肘向前撞擊甲左肋。（圖3-382）

圖3-380

圖3-381

圖3-382

（4）乙腰襠右轉，右肘螺旋下塌外碾，同時，沉襠塌勁，右手正旋外碾，將甲摔出。（圖3-383）

【要領說明】此法是破解甲左蹬腿走邊門的反擊方法。進步和出肘要同時，發力要猛，腰襠轉換要圓活。

圖3-383

第四十三式　井欄直入

用法　破左高鞭腿右掤左按擊打法

（1）甲乙各以格鬥姿勢面對。甲起左高鞭腿攻擊乙右側頭部。（圖3-384）

（2）乙腰襠右轉，右手正旋，從內側掤架甲左高鞭腿的攻擊。（圖3-385）

圖3-384

圖3-385

圖3-386　　　　　　　圖3-387

（3）乙左腿進步至甲襠前，隨左腿進步，順勢用左掌按擊甲胸口部位。（圖3-386）

【要領說明】這是破解甲左高鞭腿的反擊方法之一。乙右手的掤架要有轉化的螺旋勁，接手掤架不可生硬。左腿上步和左掌的按擊要同時，左手發力要塌腕沉襠，腰襠轉換要圓活，右腳要抓緊地面，右腿要有支撐力。

第四十四式　風掃梅花

用法一　破左蹬腿右抄左按轉身別摔

（1）甲乙各以格鬥姿勢面對。甲用左蹬腿攻擊乙腹部。（圖3-387）

（2）乙右腿在前，腰襠左轉躲開甲左腿的攻擊，同時，右手從甲左腿外側抄起甲左腿。（圖3-388）

（3）乙腰襠右轉，右手抄腿不變，左腿進步至甲襠內，同時，左手向前按擊甲左肋部。（圖3-389）

圖3-388　　　　　　　　　圖3-389

（4）乙腰襠右轉，加大身體的旋轉，左腿絆住甲右腳跟，右手勾住甲左腳跟，運用身體的掤旋勁將甲摔倒。（圖3-390）

【要領說明】這是破解甲左蹬腿的反擊方法之一。此招是在乙右手抄住甲的左蹬腿時，身體右轉，靠身體的螺旋勁，外加左腿的別摔，使甲失去平衡而摔出的方法。乙上步時步法要恰到好處，身體右轉時速度要快，要有螺旋勁。重心要平穩，要具有爆發力。

用法二　破右蹬腿右抄左按轉身掃腿

（1）甲乙各以格鬥姿勢面對。甲用右蹬腿攻擊乙腹部。（圖3-391）

（2）乙腰襠左轉，左腿進步，用右手勾抄甲右腳跟。（圖3-392）

（3）乙腰襠右轉，右手勾住甲右腳向右後方向引勁，左腿腳尖裏扣，同時，左手向甲腹部由前向後反旋拍

圖3-390

圖3-391

圖3-392

圖3-393

擊。（圖3-393）

（4）乙腰襠加大右旋，右腿後掃，以腰領勁，同時，配合左手的合力，將甲掃摔而倒。（圖3-394）

【要領說明】這是破解右蹬腿的後掃腿反擊法。此法要做到重心穩定，轉體快捷，腰襠轉換要圓活，右腿的後掃要緊貼地面，動作要乾淨俐落。

圖3-394　　　　　　　　　　圖3-395

第四十五式　撇身捶

用法一　破左拳右彈腿進步左崩打

（1）甲乙各以格鬥姿勢面對。甲進左步，出左拳攻擊乙面部。（圖3-395）

（2）乙腰襠左轉，右手向前採住甲左手腕關節，向左側方向引勁。（圖3-396）

（3）甲左拳出擊失利，腰襠左轉，立即出右腿彈擊乙襠部。（圖3-397）

（4）乙腰襠右轉，左手變拳螺旋領勁，向前下方向掤化甲右腿，阻擋甲右腿的攻擊。（圖3-398）

（5）乙腰襠左轉，右手採住甲左腕向右側引化擰旋，同時，左腿進步至甲襠前，左手握拳外旋崩擊甲面部。（圖3-399）

圖3-396

圖3-397

圖3-398

圖3-399

【要領說明】乙右手的抓腕引勁，要隨腰襠的左轉而引化。當右手擰旋引化之時，要有爆發力，右手的勁力要順甲左手的收手而動。乙左手的掤化，不可硬接甲右腿的攻擊，要有引化的螺旋勁。左手的崩拳擊打要與右手的開勁同時而發，不僅要有爆發力，還要有螺旋的鑽頭勁。

用法二　破右蹬腿右拳右掤左擠靠

（1）甲乙各以格鬥姿勢面對。甲先以右蹬腿攻擊乙襠腹部。（圖3-400）

（2）乙腰襠左轉，用右勾手從下向上接住甲右腳後跟。（圖3-401）

（3）甲見右腿被乙右手接住，身體下塌，右腳用力下踩腳，以圖破解乙右手的勾掛，同時，右手變拳直擊乙面部。（圖3-402）

（4）乙右手在甲右腿用力下踩的情況下鬆開甲右腳，腰襠右轉，左手由上至下掤住甲右臂向下掤旋引化，右手回援抓住甲右腕，同時，左腿進步至甲右後側。（圖3-403）

（5）乙腰襠左轉，雙手外開崩拳發力，右手翻腕回拉，左手崩擊甲面部及胸部。（圖3-404）

【要領說明】此法是先破解甲腿法，而後專心對付右

圖3-400

圖3-401

圖3-402

圖3-403

圖3-404

拳攻擊的方法，在兵法中，恰似「圍城打援」之計。當甲右腿用力擺脫乙右手時，乙右手不可使用僵勁，要順勢而走。乙雙拳外開要有爆發力，左臂外崩要有螺旋外碾的勁力。此勁力可隨乙腰襠的左轉，將甲碾軋而出。

圖3-405

第四十六式　斬　手

用法一　破左拳右彈腿捌打左臂法

（1）甲乙各以格鬥姿勢面對。甲進左步，出左拳攻擊乙面部。（圖3-405）

（2）乙左腿在前，腰襠左轉，左手正旋採住甲左手腕關節。（圖3-406）

（3）甲左拳出擊失利，腰襠左轉，立即出右腿彈擊乙襠部。（圖3-407）

（4）乙左手採住甲左手腕不變，右手從左臂下握拳向甲右腳面栽拳擊打，阻擋甲右腿的攻擊。（圖3-408）

（5）乙腰襠左轉，左手採住甲左手向左後方引勁，右腿進步至甲左腿內側，運用爆發力左轉，用身體右側捌打甲左臂肘部反關節。（圖3-409）

圖3-406

圖3-407

圖3-408

圖3-409

【要領說明】這是運用斬手式破解甲拳腿的組合捯打法。乙左手的掤勁始終不丟，右手在向下破解甲右腿的同時右腿上步，運用右側身體捯打甲左臂。乙在上捯左臂和下別甲左腿時，上下配合要協調一致，做到手足齊發，達到上捯下別的效果。

圖3-410   圖3-411

用法二　破右蹬腿右掤左捌截腿法

（1）甲乙各以格鬥姿勢面對。甲用右蹬腿攻擊乙襠部。（圖3-410）

（2）乙左腿在前，腰襠左轉，右手從甲右腿下接住甲右腳跟。（圖3-411）

（3）乙右手勾住甲右腳跟用力上提引勁，腰襠右轉，左手向前捌住甲右腿膝部關節，對甲右腿構成捌打的態勢。（圖3-412）

（4）乙雙手捌住甲右腿姿勢不變，腰襠加大右轉，將身體的重心移動到左腿，右腿向前截踢甲獨立的左腿膝關節內側。（圖3-413）

【要領說明】此法乃是「拗步斬手」的動作。在運用時，右手接住甲右腿後，左手上前掤住甲右膝，右腿快速出擊截踢甲左腿。此式要做到出腿快速有力，身體的重心要穩定。

圖3-412　　　　　　　　圖3-413

圖3-414

第四十七式　翻花舞袖

用法　破右蹬左高鞭連環腿右接變右碾別摔法

（1）甲乙各以格鬥姿勢面對。甲用右蹬腿向乙腹部
發動攻擊。（圖3-414）

圖3-415　　　　　　　　　　圖3-416

（2）乙腰襠左轉，微含胸後引，左腿後撤一步，同時，右手下旋變勾手，從甲右腿內側勾住甲右腳跟。（圖3-415）

（3）甲未等乙招法施展，借助乙勾抬右腿之力，身體上縱躍起，急起左高鞭腿攻擊乙右側頭部。（圖3-416）

（4）乙腰襠右轉，右手放棄甲右腿，順勢正旋掤架住甲左腿，同時，左腿進步至甲襠前，左手從甲左腿下穿入，抱纏住甲左腿。（圖3-417）

（5）乙左腿後退一步，雙手抱住甲左腿上旋翻轉，同時，右腿進步別住甲右腿內側，左手抱纏住甲左腿不放，右手領勁向甲背部螺旋下碾擠靠，將甲順勢別摔於地。（圖3-418）

【要領說明】這是破解鴛鴦腿的其中一法。乙在運用此法破解甲進攻的連環腿法時一定要審時度勢，同時還要把握時機，當進則進，當退則退，不可戀戰。要明察輕重緩急，要懂得陰陽虛實。乙右腿的別摔，要有碾旋之力，

圖3-417　　　　　　　　圖3-418

圖3-419

右手也要有下塌外碾的擠靠勁。

第四十八式　倒騎驢

用法一　破左腿偷襲右掤左壓穿喉法

（1）甲在乙身後出左腿襲擊乙後心。（圖3-419）

圖3-420

圖3-421

（2）乙身體向右後旋轉180°，右手正旋，由上至下封壓甲左腿。（圖3-420）

（3）甲左腿走空後落地，急出右拳攻擊乙面部，欲趁乙轉身站立未穩之時將乙擊潰。（圖3-421）

（4）乙左手反旋收捋甲右拳，掤化甲右拳來勢，同時，右手變仰掌，腰襠微左轉，以鎖喉掌直插甲咽喉。（圖3-422）

【要領說明】此法是化解右腿偷襲的轉身鎖喉法。乙在轉體同時，右手化解甲腿法之後，左手要護住面部，以防甲右拳的連擊。乙右手在掤化甲腿攻擊的同時要快速出擊，右掌的攻擊點要準確，出手的要訣是快、猛、穩、準、狠。

用法二　破右腿偷襲右採左掤勾掛摔

（1）甲在乙身後出右腿襲擊乙後心。（圖3-423）

圖3-422

圖3-423

圖3-424

圖3-425

（2）乙身體向右後旋轉180°，右手正旋，由上至下封壓甲右腿。（圖3-424）

（3）甲右腿落地踏實，急用右拳繼續攻擊乙面部。（圖3-425）

圖3-426　　　　　　圖3-427

（4）乙左手反旋收掤，化解甲右拳的攻勢，同時，左腿進步至甲右腿後側，右掌變仰掌直插甲咽喉。（圖3-426）

（5）甲見乙右掌直奔自己咽喉，左手反旋掤壓乙右掌，將乙右掌的攻勢向下引化。（圖3-427）

（6）乙右掌插空，右掌在向下運勢之時，借甲下引之勁順勢內旋，沉襠發勁，配合左手按擊甲胸部，同時，左腿勾住甲右腳跟，順勢回帶，使甲失去重心而摔倒。（圖3-428）

【要領說明】這是破解從身後右腿踢擊的方法。此法在化解甲右腿的攻擊後，身體向右後旋轉180°，如甲繼續用右拳攻擊，乙順勢左手掤化封壓，右掌穿擊甲咽喉。如果甲出左手化解，乙右掌內旋變按法，配合左腿的勾掛，將甲發出。此幾式動作要求協調連貫，勁路順達，雙手要有粘黏勁。

圖3-428

第四十九式　裹身鞭

用法一　破左蹬腿左勾右截腿崩打

（1）甲乙各以格鬥姿勢面對。甲用左蹬腿攻擊乙腹部。（圖3-429）

圖3-429

　　　　圖3-430　　　　　　　　　　圖3-431

　　（2）乙腰襠右轉，右手抱拳不動，左手變勾手，從內側下方接住甲左腿。（圖3-430）

　　（3）乙腰襠左轉，左手勾住甲左腿向左後方引勁，右手掤於甲左腿內側以便呼應，同時，借身體左轉之機，出右腿蹬擊甲右獨立腿膝關節處。（圖3-431）

　　（4）乙腰襠右轉，右腿落地後，右臂握拳，由上至下向甲面部崩砸。（圖3-432）

　　【要領說明】這是破解左蹬腿時利用右腿的下截，同時，配合右臂上崩下砸之勢來化解反擊甲的左蹬腿方法。此式要做到左手在引勁時，要隨腰襠的轉換自然而協調，右腿的下截要快速有力，右手的崩砸要有鬆沉勁。要做到沉而不僵，鬆活彈抖，具有爆發力。

用法二　破右蹬腿左勾右掤肘靠法

　　（1）甲乙各以格鬥姿勢面對。甲用右蹬腿攻擊乙腹部。（圖3-433）

圖3-432

圖3-433

圖3-434

圖3-435

（2）乙左腿在前，腰襠右轉，右手抱拳不動，左手變勾手，從內側下方接住甲右腿。（圖3-434）

（3）乙腰襠左轉，左手勾住甲右腿向左後方引勁，同時，右腿進步至甲襠前，運用右肘靠擊甲右側肋部。（圖3-435）

（4）乙腰襠右轉，右手領勁向前、向右，運用腰襠

圖3-436　　　　　　　　　圖3-437

右轉的螺旋勁將甲摔出。（圖3-436）

　　【要領說明】乙右腿在進步的同時，右肘要有撞擊的擠靠力。乙腰襠右轉之時，要沉襠塌勁，整個右臂都要有下塌外碾的擠靠勁。

第五十式　獸頭勢

用法一　破左蹬腿左勾手右轉肘擊法

　　（1）甲乙各以格鬥姿勢面對。甲用左蹬腿攻擊乙腹部。（圖3-437）

　　（2）乙左腿在前，腰襠右轉，左手使用勾手法，從內側抄住甲左腿。（圖3-438）

　　（3）乙加大腰襠的右轉，右腿向後倒插步，身體右轉180°，沉襠塌勁，以右肘撞擊甲心口。（圖3-439）

　　（4）乙腰襠左轉，鬆肩沉肘，左肘快速連擊甲左側肋部。（圖3-440）

圖3-438

圖3-439

圖3-440

圖3-441

【要領說明】此法是破解左蹬腿轉身的右、左肘連環擊打法。乙出肘時，要做到沉襠塌勁，鬆肩沉肘，快捷有力。

用法二　破右蹬腿左勾手右轉截腿法

（1）甲乙各以格鬥姿勢面對。甲用右蹬腿攻擊乙腹部。（圖3-441）

圖3-442　　　　　　　　　圖3-443

（2）乙左腿在前，腰襠右轉，左手使用勾手法，從甲右腿外側抄住甲右腿。（圖3-442）

（3）乙左手抄住甲右腿不變，身體右轉180°，沉襠塌勁，右肘在轉身時快速撞擊甲右側肋部。（圖3-443）

（4）乙腰襠左轉，鬆肩沉肘，左肘快速連擊甲心口。（圖3-444）

【要領說明】此法是破解右蹬腿右轉身的連環肘擊法。乙出肘時，要做到沉襠塌勁，鬆肩沉肘，快捷有力。

第五十一式　劈架子

用法　破右高鞭腿右擋左掤左截踹

（1）甲乙各以格鬥姿勢面對。甲使用右高鞭腿踢擊乙左側頭部。（圖3-445）

（2）乙右腿在前，腰襠左轉，右手反旋至左側面部外側，格擋甲右腿的攻擊，同時，左手從甲右腿下抄住甲

圖3-444

圖3-445

圖3-446

圖3-447

右腿。（圖3-446）

（3）乙腰襠右轉，左手反旋抄起甲右腿，同時，左腿從甲右腿下方截踹甲左腿膝關節。（圖3-447）

【要領說明】此法是破解右高鞭腿的截踢甲左腿的反擊之法。此法在散打中經常使用。此動作不僅在反擊時進步截踢甲左腿，也可以變化為別摔動作。但不管腿法如何

圖3-448　　　　　　　　　　圖3-449

變化，都要根據臨戰的具體情況而定，要做到見機行事，隨機而動。

第五十二式　伏　虎

用法一　破左踢腿左引右進肘擊法

（1）甲乙各以格鬥姿勢面對。甲用左腿踢擊乙襠、腹。（圖3-448）

（2）乙見甲左腿踢到，腰襠右轉，用左手從甲左腿下接住甲左腳跟。（圖3-449）

（3）乙左手勾住甲左腿向左後方向領勁，同時，右手配合左手引化甲左腿。（圖3-450）

（4）乙右腿進步至甲後側，腰襠右轉，左手搠勁不變，右臂屈肘，大力靠擊甲心口或左肋處。（圖3-451）

【要領說明】此法是破解踢腿後運用肘法的反擊方法。此動作接腿引勁要隨腰襠的轉換；右肘攻擊時，腰襠要右

圖3-450

圖3-451

圖3-452

圖3-453

轉塌勁。總之，腰襠轉換要圓活，右肘要有爆發力。

用法二　破右蹬腿右抄左引肘靠法

（1）甲乙各以格鬥姿勢面對。甲用右蹬腿向乙腹部攻擊。（圖3-452）

（2）乙見甲右蹬腿到，腰襠左轉，急以右手從甲右腿內側抄起甲右腿。（圖3-453）

圖3-454　　　　　　　　　圖3-455

（3）乙身體加大左轉，雙手抱住甲右腿向左側方向引勁，同時，右腿插進甲襠內。（圖3-454）

（4）乙腰襠右轉，左手掤住甲右腿不變，右臂屈肘，隨腰襠的右轉靠擊甲右側肋部。（圖3-455）

【要領說明】此法是破解蹬腿後從中門運用肘法攻擊的方法。此法在接腿後，腰襠左轉引勁和右腿的上步肩靠要同步進行。肩靠要配合腰襠發力。身體右轉之時，右肘連環擊打甲右肋。此法體現了太極拳「挨到何處何處擊」的技擊奧妙。

第五十三式　抹眉肱

用法一　破右高鞭腿的左掤右抹脖摔法

（1）甲乙各以格鬥姿勢面對。甲運用右高鞭腿向乙左側頭部大力踢擊。（圖3-456）

（2）乙腰襠左轉，襠勁下塌，同時，雙手以前臂掤

圖3-456

圖3-457

圖3-458

架甲右腿的攻擊。（圖3-457）

（3）乙腰襠繼續左轉，左手從上領勁纏抱住甲右腿，同時，右腿進步至甲左獨立腿內側，右手向前直插甲後腦處。（圖3-458）

（4）乙腰襠右轉，左臂纏抱甲右腿不變，右手平抹甲後腦向右後方向，同時，右腿絆住甲左腿，使甲摔翻在

圖3-459

圖3-460

地。（圖3-459）

【要領說明】此法是破解右高鞭腿的接腿抹脖摔法。乙左手在掤接甲右腿時，要做到一掤即纏，否則，就會抱不住甲右腿，失去戰機。右手的抹脖要有鬆沉勁。

用法二　破左蹬腿左勾手進步右抹眉摔

（1）甲乙各以格鬥姿勢面對。甲使用左蹬腿向乙腹部攻擊。（圖3-460）

（2）乙左腿在前，身體微後撤，含胸，同時，左手從內側變勾手，勾住甲左腳跟。（圖3-461）

（3）乙腰襠左轉，

圖3-461

圖3-462　　　　　　　　　　圖3-463

左手勾住甲左腿向左後方引勁，同時，右腿進步至甲右腿後側。（圖3-462）

（4）甲此時出左拳攻擊乙面部，欲解左腿之困。乙右手從外側收手，掤化甲左拳，同時，腰襠右轉，右手向前抹住甲眉頭，右腿同時踢擊甲右腳跟，甲必翻倒。（圖3-463）

【要領說明】此法的左手接腿之法與其他接蹬腿之法基本相同。乙腰襠轉換時，右腿進步的絆摔要做到乾淨俐落。右手的抹眉一定要做到「抹」的效果，圓活中透出那種抹勁。一定要與砍、打等勁路區分開來。

第五十四式　右單雲手

用法一　破右彈腿右撥轉身採捋按法

（1）甲乙各以格鬥姿勢面對。甲以右彈腿攻擊乙襠部。（圖3-464）

圖3-464　　　　　　　　　　圖3-465

（2）乙腰襠左轉，右手收手掤捋甲彈腿的右腳面。
（圖3-465）

（3）乙腰襠右轉，右手正旋，向上抓住甲頭髮，或
用右手纏住甲頸部。（圖3-466）

（4）乙腰襠加大右轉，右手向右後採捋，當甲頭部
被乙右手揪髮下拉而低頭前蹌之時，乙右手掤按住甲後腦
部位，走下塌外碾的勁力，使甲加大前蹌之勢。（圖3-
467）

【要領說明】乙右手在掤接甲右彈腿之時要有引化的
勁，不可生拍硬接，以防右手受傷。乙右手正旋出手時，
可以直接用右手拍擊甲面部，或變二龍搶珠攻擊甲雙眼。
右手抓住甲頭髮後，要向右後方向引拉，右手在按住甲後
脖頸後，要有鬆沉的下掛勁，還要有下塌外碾的螺旋勁力
將甲發出。在實戰中，可配合膝和腿法攻擊。此勁力要纏
綿連貫，勁力要順達，發力要雄渾。

圖3-466

圖3-467

圖3-468

圖3-469

用法二　破右蹬腿右勾變進步擠靠法

（1）甲乙各以格鬥姿勢面對。甲以右蹬腿攻擊乙襠、腹部位。（圖3-468）

（2）乙腰襠左轉，右手變勾手，從甲右腿下抄住甲右腳後跟。（圖3-469）

（3）乙腰襠左轉，左手轉接甲右腿，右手正旋，向上掤按住甲右肩，右手五指扣拿甲鎖骨，同時，右肘內旋向前，以右肘擊打甲心口。（圖3-470）

圖3-470

【要領說明】乙右手在正旋向前時，抓扣甲右肩鎖骨要準確有力。右肘內旋擊打甲心口發力之時，要做到沉襠塌勁。

第五十五式　倒插花

用法一　破右鞭腿左掤右捋外碾別腿摔法

（1）甲乙各以格鬥姿勢面對。甲用右低鞭腿攻擊乙左側肋部。（圖3-471）

（2）乙腰襠左轉，右手微掤住甲右腿，左臂從甲右腿上外纏住甲右腿。（圖3-472）

（3）乙腰襠繼續左轉，左臂纏抱住甲右腿不變，右腿進步至甲襠內，同時，右手勾住甲脖頸下捋，欲使用摔法。（圖3-473）

（4）如果甲身體上挺，乙無法使用前摔之法，則順勢右腿別於甲左腿後側，右手由捋勁變外旋的碾勁，運用右肘的碾靠將甲反摔仰跌而倒。（圖3-474）

【要領說明】這是一招抱腿的由捋變為別摔的方法。

圖3-471

圖3-472

圖3-473

圖3-474

此法在勁路的轉換上要做到圓活、順達。右肘在擠靠時，
要有爆發力。

用法二　破右鞭腿左掤左截腿右掤擊打法

（1）甲乙各以格鬥姿勢面對。甲用右低鞭腿攻擊乙
左側肋部。（圖3-475）

圖3-475

圖3-476

圖3-477

（2）乙腰襠左轉，右手微掤住甲右腿，左臂從甲右腿上外纏住甲右腿。（圖3-476）

（3）甲右腿被制，隨即出左拳攻擊乙面部，以求解右腿之困。（圖3-477）

（4）乙腰襠右轉，右手反旋收掤甲左前臂，同時，沉勁收掤，左腿順勢出截腿，蹬擊甲右腿。（圖3-478）

圖3-478　　　　　　　　圖3-479

（5）甲右腿被蹬截，本能向後方退回。乙左腳順勢下落，雙手手法不變，右腿進步，腰襠左轉，右掤之手順勢螺旋向前發力，擊打甲心口。（圖3-479）

【要領說明】這是破解右低鞭腿的方法之一。此法在乙勾抱住甲右腿後，不僅破解了甲的左手拳法，同時以左蹬腿進行了反擊。當甲右腿後退之時，乙借勢右腿進步，右手螺旋出擊，擊打甲心口。乙右手在出右拳時要有掤勁，使甲左手被右臂掤勁所控而無法運轉。右手擊打要有爆發力，襠勁要下塌。

第五十六式　右　沖

用法一　破右踢腿右腿後撥截腿法

（1）甲乙各以格鬥姿勢面對。甲用右低鞭腿向乙左前腿踢擊。（圖3-480）

（2）乙左腿在前，見甲右腿踢到，左腿微後撤，躲

圖3-480　　　　　　　　　圖3-481

過甲右腿的踢擊。（圖3-481）

（3）乙腰襠微右轉，右腿向前追掤甲右腿，以加大甲右腿失控的幅度。（圖3-482）

（4）乙腰襠左轉，右腳內旋成側踹，向前踹擊甲左腿內側膝關節處。（圖3-483）

【要領說明】此法是以腿破腿之法。此招法的關鍵，就是左腿在躲閃甲右腿攻擊之時不要過遠，同時右腿向前掤踢甲右腿，為乙右腿攻擊甲左腿打開門戶。右腿在轉換為側踹腿時要有掤旋勁。

用法二　破左踢腿右腿前撥截腿法

（1）甲乙各以格鬥姿勢面對。甲用左低鞭腿向乙右前腿踢擊。（圖3-484）

（2）乙右腿在前，右腿微後撤，躲過甲左腿的攻擊。（圖3-485）

（3）乙見甲左腿走空，立即起右腿追踢甲左腿，用

圖3-482

圖3-483

圖3-484

圖3-485

右腿掤住甲左腿。（圖3-486）

（4）乙腰襠左轉，右腿掤旋甲左腿，右腿同時變側踹腿向前，踹擊甲右獨立腿內側膝關節處。（圖3-487）

【要領說明】此法是破解左踢腿法的以腿破腿之法。乙右腿微後撤是為了便於快速反擊。乙右腿的側踹點一定要是甲內側膝關節，因為這是甲腿部的最薄弱環節。

圖3-486　　　　　　　圖3-487

第五十七式　下雙撞捶

用法一　破右彈腿右掤左挑腹掤擊襠法

（1）甲乙各以格鬥姿勢面對。甲運用右彈腿攻擊乙襠部。（圖3-488）

（2）乙腰襠微左轉，右手向下掤擋甲右腳面，同時，身體下塌，左腿向前進半步，左手從甲右腿膕窩處掤接甲右腿。（圖3-489）

（3）乙腰襠右轉，左臂螺旋上掤，右手順屈腿之狀下按，鎖拿甲右腿；左手領勁外旋不變，右手按住甲右腳向左下方掤勁，並用左側腹部掤住不動。（圖3-490）

（4）乙腰襠左轉，運用身體的掤旋勁將甲擠出，同時，右手變拳直擊甲小腹或襠部。（圖3-491）

【要領說明】此法在手法上利用了甲腿自然屈伸的規律，順勢將甲腿控制，然後，用身體的掤勁，控制了甲腿的

圖3-488

圖3-489

圖3-490

圖3-491

運轉。乙身體掤住甲右腿之後，腰襠左轉，轉化甲來力的方向；同時，順勢出右拳擊打甲襠部。此法的關鍵是控制甲右腿的運化，腰襠轉換要圓活中帶有掤勁，發力要猛。

用法二　破右彈腿右勾纏左手摟腰摔法

（1）甲乙各以格鬥姿勢面對。甲運用右彈腿攻擊乙襠部。（圖3-492）

圖3-492

圖3-493

圖3-494

圖3-495

（2）乙腰襠微左轉，右手正旋，向下從內側勾纏住甲右腿腳踝下方。（圖3-493）

（3）乙腰襠右轉，左腿進步，右手勾住甲右腿不變，同時，左手向前外旋領勁，抱纏住甲腰部。（圖3-494）

（4）乙左手抱住甲腰部，腰襠左轉，右手不變，左手抱住甲腰上掤左旋，將甲纏抱摔倒。（圖3-495）

圖3-496   圖3-497

【要領說明】此法是破解甲右彈腿的抱腰反摔之法。此法的勁力不僅是乙左手抱纏反摔的勁力，主要是靠身體左轉的旋轉力。

第五十八式　掃蹚腿

用法一　破左高鞭腿雙手抱纏轉身後掃法

（1）甲乙各以格鬥姿勢面對。甲用左高鞭腿掃踢乙右側頭部。（圖3-496）

（2）乙左腿在前，腰襠右轉，左手在下，右手在上，搠架甲左高鞭腿的踢擊。（圖3-497）

（3）乙腰襠右轉，雙手抱住甲左腿隨腰襠向右後上方引勁，左腳尖裏扣，右腿隨身體的大幅右轉，向後側掃踢甲右腿。（圖3-498）

【要領說明】此法是破解左高鞭腿抱腿的後掃法。雙手搠接甲左腿抱纏之時，身體要挺拔向上，使甲身體上

圖3-498　　　　　　　　　　　圖3-499

拔，以破壞甲右獨立腿的平衡。乙身體右轉掃腿要快速有力，身體不必放得太低，只要右腿能掃到甲右腳踝或腳跟處即可。

用法二　破右蹬腿右勾左掤進步前掃腿法

（1）甲乙各以格鬥姿勢面對。甲用右蹬腿攻擊乙襠、腹部位。（圖3-499）

（2）乙左腿後退一步，變右腿在前，腰襠微左轉，同時，右手變勾手向下，從內側勾住甲右腳跟。（圖3- 500）

（3）乙腰襠右轉，右手勾住甲右腳跟向右側引化，左腿掃踢甲左腿，同時，左手隨左腿的掃踢向甲胸部掤擠，使甲摔跌。（圖3-501）

【要領說明】此法是破解甲右蹬腿的前掃腿方法。乙左腿在掃腿時，左手要同時配合外擠，以破壞甲的下盤平衡，給左掃腿打下良好的基礎。

圖3-500

圖3-501

圖3-502

圖3-503

用法三　破右踢腿以腿破腿轉身後掃腿法

（1）甲乙各以格鬥姿勢面對。甲用右低鞭腿踢擊乙左腿。（圖3-502）

（2）乙左腿微回收，盤腿躲過甲右鞭腿的攻擊，接著，左腿順勢補踢甲右腿，使其失去平衡。（圖3-503）

圖3-504　　　　　　　　　圖3-505

（3）甲右腿被乙左腿掤踢重心已失，乙左腿在右前方落地站穩，身體加大右轉，身體下伏，雙手拄地，右腿變後掃蹚腿向右後旋轉掃擊，使甲失去重心而摔倒。（圖3-504）

【要領說明】此法是以腿破腿的後掃腿法。乙躲閃甲右腿的踢擊時身體重心後移，躲閃甲右踢的左腿不可過於後撤，當甲右腿走空的剎那，立即追踢。乙左腿落地後，身體要立即右轉，以腰胯帶動右腿，形成後掃腿，使甲立足未穩，便被乙右腿掃倒。

第五十九式　左拳炮捶

用法一　破右蹬腿右拳右勾左下掤擊胸法

（1）甲乙各以格鬥姿勢面對。甲用右蹬腿攻擊乙腹部。（圖3-505）

（2）乙左手防守姿勢不變，右手下旋，用勾手接住

圖3-506

圖3-507

甲右腳後跟。（圖3-506）

（3）甲右腿被乙右手勾住，右腳用力下踩，以圖掙脫乙右勾手，同時，右手以直拳攻擊乙面門。（圖3-507）

圖3-508

（4）乙腰襠左轉，左手向上掤住甲右臂，同時，右手放棄甲右腿，左腿進步，右手變拳，直擊甲心窩。（圖3-508）

【要領說明】此法是破拳腿的擊打法。動作要做到連貫、協調，發力要猛。

用法二　破左低鞭腿右勾左掤右轉別摔法

（1）甲乙各以格鬥姿勢面對。甲用左鞭腿攻擊乙右

圖3-509　　　　　　　　　圖3-510

側。（圖3-509）

（2）乙腰襠微右轉，左手不變，右手外旋收手，由上致下抱纏住甲左腿，同時，左腿進步至甲右腿後側，左手掤旋甲左大腿根部。（圖3-510）

（3）乙腰襠加大右轉，右臂纏住甲左腿不變，以身體的掤轉和左肘的擊打，將甲摔倒。（圖3-511）

【要領說明】此法是右手纏抱住甲左腿後，進步絆住甲右腿，靠身體右轉的螺旋勁使甲失去平衡而摔倒。此法要做到腰襠轉換靈活，鬆肩沉肘，勁力順達，發力要沉猛。

第六十式　右二肱

用法一　破右鞭腿右肱掤右轉身靠摔法

（1）甲乙各以格鬥姿勢面對。甲起右鞭腿踢擊乙左側胸部。（圖3-512）

（2）乙腰襠左轉，左手從外側抄住甲右腿，同時，

圖3-511

圖3-512

圖3-513

圖3-514

右手從甲右腿上也順勢插入纏抱住甲右腿。（圖3-513）

（3）乙右前臂纏抱住甲右腿，含胸微向後引勁，身體後移，使甲右腿受乙右臂的掤勁引拉向前。（圖3- 514）

（4）乙腰襠右轉，左腿快速進步至甲襠內，左腳尖抬起絆住甲左腳踝，同時，右手收手旋轉，掤住甲右腳上端腳踝向右後收捋，左手從甲右腿下掤旋向右前方螺旋發

圖3-515

力，導致甲失去重心而摔出。（圖3-515）

【要領說明】此法是以前臂接腿，以左右肱部轉換掤摔的招法。此法主要有三個步驟。一是右臂接腿之法，接腿時要有引化之勁，不可生硬；二是向右後方向引拉轉換，此法右臂要有掤勁，引拉甲右腿時右臂不僅有螺旋，同時還要含胸；三是上步的螺旋捯勁，此勁力要有上掤前碾的鑽頭勁。整體的動作要一氣呵成，連貫協調，發力要渾厚、兇猛。

用法二　破左蹬腿右肱掤變左別肘靠法

（1）甲乙各以格鬥姿勢面對。甲用左高蹬腿蹬擊乙胸及心口。（圖3-516）

（2）乙腰襠左轉，右手屈臂從甲左腿下抄住甲左腿。（圖3-517）

（3）乙腰襠右轉，右手抄住甲左腿，含胸向右後轉身引化，同時，左腿進步至甲襠內，左手掤於甲左大腿

圖3-516　　　　　　　　　　圖3-517

圖3-518　　　　　　　　　　圖3-519

上。（圖3-518）

　　（4）乙腰襠繼續加大右轉，右手掤住甲左腿，身體掤住甲左膝部向右側掤旋，左手捋住甲大腿反旋走下塌外碾的同時，左前臂掤點不丟，左肘向前螺旋擊打甲胸、腹部位，打中帶摔將甲發出。（圖3-519）

　　【要領說明】此法與前招所不同的是，前招是向上掤

圖3-520

發，左臂在下，而此招則是下塌外碾的擠靠法，左臂在上。動作的要領大致相同，只是發力方式不同而已。望學者多加練習和揣摩。

第六十一式　右變式打樁

用法一　破右蹬腿左勾右捯轉身靠摔法

（1）甲乙各以格鬥姿勢面對。甲用右蹬腿攻擊乙襠部。（圖3-520）

（2）乙左手變勾手向下，從外側勾住甲右腳後跟。（圖3-521）

（3）乙腰襠左轉，左手勾住甲右腳跟向左後方引勁，同時，右腿進步至甲襠內，右手捯捯住甲右腿，使其無法運轉。（圖3-522）

（4）乙左手手法不變，腰襠加大左轉，左腿向後倒插180°，右手捯住甲右腿，走外碾的勁力，在身體左轉之

圖3-521

圖3-522

圖3-523

時，運用右側肩部靠擊甲胸部，使甲被乙的擠靠力螺旋打出。（圖3-523）

　　【要領說明】此法是破解右蹬腿轉體靠摔法。當乙左手接住甲右蹬腿後，右腿快速進步至甲襠內，右手同時掤住甲右腿的大腿根部。乙左腿後插要先用腳尖擦地而行，以保持重心的平衡。腰襠左轉之時，要身體貼緊甲胸部，以腰襠發力，螺旋將甲引發靠打而出。整個動作要保持重

圖3-524　　　　　　　　　圖3-525

心的穩定，擊打要有爆發力。

用法二　破左蹬腿左勾右掤轉身別摔法

（1）甲乙各以格鬥姿勢面對。甲用左蹬腿攻擊乙襠部。（圖3-524）

（2）乙左手變勾手向下，從內側勾住甲左腳後跟。（圖3-525）

（3）乙腰襠左轉，左手勾住甲左腳後跟向左後方引勁，右腿進步至甲左側後，同時，右手掤按住甲左大腿根部。（圖3-526）

（4）乙左手手法不變，腰襠加大左轉，左腿向後倒插180°，利用身體的旋轉力，調動甲使其失去平衡，同時，右手外碾下按甲襠胯，使甲摔出。（圖3-527）

【要領說明】此法是接甲左蹬腿的轉體擠摔法。其接腿及插步轉體的要領與接右腿相同，只是此法在轉體時右手要有外旋下塌的擠勁。

圖3-526　　　　　　　　　　圖3-527

第六十二式　窩底炮

用法一　破左蹬腿左抄腿右撩陰擠靠

（1）甲乙各以格鬥姿勢面對。甲運用左蹬腿攻擊乙小腹部位。（圖3-528）

（2）乙左腿在前，左手從內側向下勾截住甲左蹬腿的腳後跟。（圖3-529）

（3）乙腰襠左轉，左手勾住甲左腿向左側引化，同時，右腿進步至甲身後，右手挪於甲左腿上側。（圖3-530）

圖3-528

圖3-529

圖3-530

圖3-531

圖3-532

（4）當甲左腿被乙左手勾住後，腰襠左轉，欲使用手法攻擊乙面部，以求解脫左腿之圍。乙腰襠順勢右轉，右手外旋，順勢向甲襠部撩擊。（圖3-531）

（5）乙腰襠右轉，右手螺旋擠向甲腰胯，同時，下塌襠勁，右手外旋下碾，將甲擠摔而出。（圖3-532）

【要領說明】此法是破解左蹬腿的下撩陰擠靠摔法。

圖3-533

整個動作要一氣呵成，連貫協調。乙右轉擠勁時，要下塌襠勁，右手的擠勁要有掤旋勁。此勁力大致有三種不同的情況，一是下碾的勁力；二是外碾轉換的勁力；三是上掤騰空發勁。勁力的不同，發人的方向和角度也不相同，望練者細細體會。

用法二　破右鞭腿左抄右靠崩擠摔法

（1）甲乙各以格鬥姿勢面對。甲運用右鞭腿攻擊乙左側腰肋。（圖3-533）

（2）乙腰襠左轉，右手微掤甲右腿，同時，左手正旋收手，抄住甲右鞭腿的外側。（圖3-534）

（3）乙右腿進步至甲襠內，腰襠右轉，襠勁下塌，螺旋發力，用右肩靠擊甲胸、腹部位。（圖3-535）

（4）乙腰襠右轉，左手勾住甲右腿不變，右手變上崩拳攻擊甲面部，若甲頭部左擰，躲過乙右崩拳的擊打，乙右拳就直接劈砸甲右肩鎖骨。（圖3-536）

圖3-534

圖3-535

圖3-536

圖3-537

（5）乙腰襠右轉下塌，右手領勁螺旋，以鑽頭勁擠靠甲右側肩部，配合左手的收拉，使甲仰面跌出。（圖3-537）

【要領說明】此法上步在擠靠甲時要有爆發力。右手的崩拳要有彈勁。右手在擠靠甲時，右拳要領勁走螺旋，要有下塌外碾的鑽頭勁，同時，還要有塌襠的外碾勁。

歡迎至本公司購買書籍

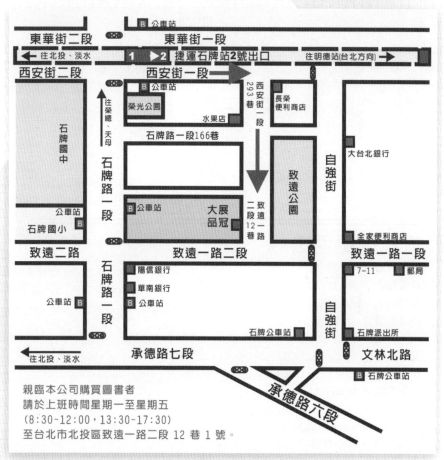

親臨本公司購買圖書者
請於上班時間星期一至星期五
(8:30~12:00，13:30~17:30)
至台北市北投區致遠一路二段 12 巷 1 號。

建議路線
1.搭乘捷運‧公車
　　淡水線石牌捷運站下車，由石牌捷運站２號出口出站(出站後靠右邊)，沿著捷運高架往台北方向走(往明德站方向)，其街名為西安街，約走100公尺(勿超過紅綠燈)，由西安街一段293巷進來(巷口有一公車站牌，站名為自強街口)，本公司位於致遠公園對面。搭公車者請於石牌站(石牌派出所)下車，走進自強街，遇致遠路口左轉，右手邊第一條巷子即為本社位置。

2.自行開車或騎車
　　由承德路接石牌路，看到陽信銀行右轉，此條即為致遠一路二段，在遇到自強街(紅綠燈)前的巷子(致遠公園)左轉，即可看到本公司招牌。

國家圖書館出版品預行編目資料

太極破腿百法 ／ 孫國璽 著
——初版，——臺北市，大展，2013〔民102．10〕
面；21公分 ——（武術特輯；145）
ISBN 978－957－468－976－7（平裝；）
1.太極拳
528.972 102015768

太極破腿百法

著　　者／孫國璽
責任編輯／張建林
發 行 人／蔡森明
出 版 者／大展出版社有限公司
社　　址／台北市北投區（石牌）致遠一路2段12巷1號
電　　話／（02）28236031・28236033・28233123
傳　　眞／（02）28272069
郵政劃撥／01669551
網　　址／www.dah-jaan.com.tw
E - mail ／ service@dah-jaan.com.tw
登 記 證／局版臺業字第2171號
承 印 者／傳興印刷有限公司
裝　　訂／承安裝訂有限公司
排 版 者／弘益電腦排版有限公司
授 權 者／北京人民體育出版社
初版1刷／2013年（民102年）10月

定 價／250元

大展好書　好書大展
品嘗好書　冠群可期

大展好書　好書大展
品嘗好書　冠群可期